C.H.BECK ⊞ WISSEN

in der Beck'schen Reihe

Helmut Reinalter behandelt in diesem Buch die europäische Freimaurerei von ihren legendären Ursprüngen bis in die unmittelbare Gegenwart. Er stellt ihre Ziele, ihr Innenleben, ihre Organisationsstrukturen und Richtungen, ihr Verhältnis zu Staat, Politik, Gesellschaft, Kultur, Kirche und auch zu ihren Gegnern dar. Im Mittelpunkt steht die Frage nach dem Selbstverständnis der Freimaurerei und ihrer gesellschaftlichen Rolle und Wirkung.

Univ.-Prof. Dr. *Helmut Reinalter* lehrt neuere Geschichte und politische Philosophie an der Universität Innsbruck.

Helmut Reinalter

DIE FREIMAURER

Verlag C.H. Beck

1. Auflage. 2000
2. Auflage. 2001
3. Auflage. 2002
4. Auflage. 2004

5., aktualisierte Auflage. 2006

Originalausgabe
© Verlag C.H. Beck oHG, München 2000
Gesamtherstellung: Druckerei C.H. Beck, Nördlingen
Umschlagentwurf: Uwe Göbel, München
Printed in Germany
ISBN-10: 3 406 44733 3
ISBN-13: 978 3 406 44733 4

www.beck.de

Inhalt

Einleitung: Was ist Freimaurerei?. 7

Erster Teil: Entstehung und historische Entwicklung 10
1. Die Ursprünge: Zwischen Mythos, Legende
   und Wirklichkeit 10
2. Die Anfänge und Verbreitung 12
3. Der Höhepunkt im 18. Jahrhundert 14
4. Das 19. Jahrhundert 19
5. Das 20. Jahrhundert 28

Zweiter Teil: Ziele und Innenleben –
Theorie und Praxis 32
1. Freimaurerische Symbolik und Ritualistik 32
2. Der „Große Baumeister" aller Welten 35
3. Freimaurerische Anthropologie 37
4. Freimaurerische Humanität 40
5. Freimaurerische Ethik 42
6. Der Toleranzgedanke 44
7. Freimaurerei, Hermetik und Esoterik 46
8. Freimaurerei und Aufklärung 49

Dritter Teil: Konstitutionen, Organisationsstruktur
und Richtungen 53
1. Die Alten Pflichten 53
2. Der Wandel des Pflichtenbegriffs 55
3. Regularität und Irregularität 59
4. Organisationsstruktur 66
5. Freimaurerei und Geheimbünde 68

Vierter Teil: Freimaurerei, Politik, Kirche
und Antimasonismus 93
1. Freimaurerei, Staat und Politik 93
2. Freimaurerei und Kultur 99

3. Freimaurerei und Kirche 104
4. Antimasonismus und Verschwörungstheorien 110

Schluß: Zur Wirkungsgeschichte der Freimaurerei....... 128

Literaturhinweise 134

Personenregister 143

Einleitung:
Was ist Freimaurerei?

Die Freimaurerei ist eine international verbreitete Vereinigung, die unter Achtung der Würde des Menschen für Toleranz, freie Entwicklung der Persönlichkeit, Brüderlichkeit und allgemeine Menschenliebe eintritt. Sie geht davon aus, daß menschliche Konflikte ohne zerstörerische Folgen ausgetragen werden können. Voraussetzung dafür ist die Herstellung eines Vertrauensverhältnisses zwischen den Menschen unterschiedlicher Überzeugungen. Die Freimaurerei ist stark auf den einzelnen Menschen ausgerichtet und bemüht, ihn sittlich zu vervollkommnen. Sie hat aber keine ethischen Lehrsätze aufgestellt, da nach ihrer Auffassung sittliche Normen einem ständigen Wandel unterliegen. In den rituellen Arbeiten werden die geistigen Grundlagen der Freimaurerei nicht nur reflektiert, sondern auch durch Bilder und Symbole erlebbar gemacht. Das Ritual ist ein dynamisches Symbol des kosmischen Geschehens, wobei sich der teilnehmende Bruder bewußt in die Gesetzmäßigkeit des Universums einordnet. Die rituellen Arbeiten werden in drei Graden durchgeführt: im Lehrlings-, Gesellen- und Meistergrad. Dabei verwenden die Freimaurer besondere Symbole und tragen bei ihren Arbeiten Abzeichen, Schurz und weiße Handschuhe. Die Symbole sind Bindemittel der Brüder untereinander und stellen die Kernaussagen der Freimaurerei in Bildern und sinnbildlichen Handlungen dar.

Die Logen sind im Vereinsregister als Vereine eingetragen und haben keine über die gesamte Welt reichende, zusammenhängende Organisation. Sie kennen auch keine geheimen Oberen und besitzen keine geheimen Kenntnisse. Die Verschwiegenheit stellt die Voraussetzung für das Vertrauen unter den Brüdern dar. Die gesamte freimaurerische Lehre ist in den drei Johannisgraden enthalten. Um ihre Vertiefung und Weiterführung bemühen sich die Hochgrade, die in verschiedenen Systemen organisiert sind (z. B. Schottischer Ritus, Royal Arch, York Ritus). Darüber hinaus gibt es noch Forschungslogen (Quatuor Coronati), die sich der wissenschaftlichen Erforschung der Freimaurerei widmen. Die regulären Logen innerhalb eines Staates sind in einer Großloge oder auch in mehreren Bünden zusammengeschlossen. Der Vorsitzende (Meister vom Stuhl) einer Loge wird von den Mitgliedern in freier Wahl gewählt. Die Logenmeister wählen ihrerseits auf dem Großlogentag den Großbeamtenrat.

In den USA leben heute schätzungsweise über 4 Millionen Freimaurer, in Großbritannien ca. 600000, in Schweden 25000, in Norwegen 15500, in Dänemark 10500, in den Niederlanden ca. 7500. Heute umfaßt die Freimaurerei ca. 6 Millionen Mitglieder in etwa 45000 Logen der Welt. In totalitären Systemen ist sie aufgrund ihres Charakters als „verschwiegene Bruderschaft", ihrer Freiheitsvorstellung und praktizierten Toleranz verboten.

Der Begriff „freemason" taucht zum erstenmal in einer Londoner Urkunde 1376 auf. Unter „freemason" verstand man den qualifiziert ausgebildeten Maurer und Steinmetz, der den freistehenden Stein kunstvoll bearbeiten konnte. Das Wort „lodge", erstmals urkundlich 1278 erwähnt, bezeichnet zuerst ein Holzgebäude, das für die Bauhandwerker Werkstatt und auch Aufenthaltsraum war. Später wurde diese Bezeichnung auch für Gruppen von Steinbauwerken verwendet, die gemeinsam an einem größeren Bau arbeiteten. Um die Wende vom 16. zum 17. Jahrhundert trat in der Entwicklung der Logen der Werkmaurer zuerst in Schottland und dann auch in England insofern eine tiefgreifende Änderung ein, als nun immer häufiger Nichtangehörige des Bauhandwerks als Mitglieder aufgenommen wurden. Diese hießen in Schottland „gentleman masons" und in England „accepted masons".

Das symbolisch-esoterische Brauchtum der Freimaurerei entstand aus zwei Entwicklungssträngen: den alten Konstitutionsschriften der englischen und dem „Maurerwort" der schottischen Freimaurer. Es wurde dann vermutlich von den Logen der „accepted masons" im 17. und frühen 18. Jahrhundert umgestaltet und nahm im dritten Jahrzehnt des 18. Jahrhunderts seine heutige Form an. Aus den allgemeinen und besonderen Pflichten der alten englischen Konstitutionsschriften entstanden 1723 die „Alten Pflichten" des James Anderson († 1739). Sie sind für die Freimaurer auch heute noch bindend.

Im vorliegenden Band werden in einzelnen Schwerpunkten die Ursprünge, Anfänge und der Aufstieg der europäischen Freimaurerei, ihre Ziele, ihr Innenleben, ihre Symbolik und Ritualistik, ihre Organisationsstrukturen und Richtungen, ihr Verhältnis zu Staat, Politik, Kirche und Kultur, der Antimasonismus und die Verschwörungstheorien und der freimaurerische Konnex zu Geheimbünden dargestellt. Da diese Einführung keinen Anspruch auf Vollständigkeit erheben kann, mußten aus der reichen Fülle der Quellen und Literatur repräsentative Grundlagen und Beispiele ausgewählt werden. Methodisch geht es hier um eine Ideen- und Sozialgeschichte der Freimaurerei, die auch auf die schwierige Frage ihrer gesellschaftlichen Rolle und Wirkung eingeht.

Erster Teil:
Entstehung und historische Entwicklung

1. Die Ursprünge:
Zwischen Mythos, Legende und Wirklichkeit

Über die Entstehung der Freimaurerei haben sich im Laufe der Zeit verschiedene Theorien, Mythen und Legenden entwickelt, die von den westeuropäischen Gilden-, Maurer- und Steinmetzzünften, Kathedralenbauern, Wandergesellen, Tempelrittern und Johannitern bis zur frühen Akademiebewegung und den aufgeklärten Sozietäten reichen. In der älteren freimaurerischen Historiographie werden auch direkte Linien zwischen den heutigen Bauhütten und den antiken Mysterienbünden und späteren Ritterorden herzustellen versucht, um die esoterisch-hermetischen Wurzeln der Freimaurerei aufzuzeigen. In diesem Zusammenhang sind vor allem der Kult der Brahmanen, die Osiris-Legende, die Eleusinischen Mysterien, der Bund der Pythagoräer, der Mysterienkult der Essener, der Mithras-Kult, die Kabbala, die Gnosis, die Druiden und Barden zu nennen. Inwieweit für die Freimaurerei die europäische Form der Mystik im Neuplatonismus bestimmend wurde, ist ungeklärt. Es könnten zumindest einzelne Elemente in die Freimaurerei und insbesondere in die Hochgrade eingeflossen sein. Erkenntnis als Schau der Vernunft in sich selbst und die oberste Stufe der Erkenntnis als „Schau des Höchsten" weist zumindest auf das freimaurerische Gradsystem hin. Auch Mystik als Erfahrung und als starke Quelle menschlicher Kraft zeigt masonische Verbindungen auf. Dazu kamen noch die beruflichen Zusammenschlüsse der Handwerker und die Ritterorden. Die hier erwähnten Mysterienbünde können nur mit größtem Vorbehalt als mögliche esoterische Wurzeln der Freimaurerei angesehen werden. Mit wissenschaftlicher Gewißheit lassen sich solche Entwicklungslinien nur schwer festmachen. Als wesentlich konkretere Vorstufen der modernen Freimaurerei findet man in der Literatur auch öfters die beruflichen Zusammenschlüsse der

Handwerker und der Ritterorden, wie z. B. der Malteserorden und der Templerorden. Die Templertheorie stützt sich auf das hohe Ansehen der Ordensangehörigen als Bauherren und baut auf der Hypothese auf, daß der Orden trotz seiner Verurteilung und Verfolgung seine Weiterentwicklung sichern wollte. Der Großmeister Pierre d'Aumont, der zusammen mit zwei Kommandeuren und fünf Rittern nach Schottland floh, soll vom schottischen König Robert I. Bruce freundlich aufgenommen worden sein und Templer um sich gesammelt haben. Diese Gruppe soll die Logen als Organisationsträger instrumentalisiert haben. Eine weitere These geht von der älteren Rosenkreuzer-Bruderschaft als Ursprung der Freimaurerei aus.

Als die eigentlichen Vorläufer der Freimaurerei gelten jedoch heute in der freimaurerischen Forschung die handwerklichen Bruderschaften, auf deren Brauchtum sehr viel maurerisches Gedankengut zurückgeführt werden kann, und die Bauhütten, die überall dort entstanden, wo Dome gebaut wurden. Sie setzten sich aus Mitgliedern des Steinmetzstandes zusammen, nahmen aber auch Maurer und Decker auf. Während der Reformation wurde den Bauhütten der Vorwurf gemacht, sie würden geheime Zusammenkünfte abhalten und die Gesetze des Staates und der Kirche mißachten. So verloren sie – auch aufgrund der Folgen negativer ökonomischer Auswirkungen durch den Hundertjährigen Krieg – langsam an Bedeutung und wurden schließlich im Laufe des 17. Jahrhunderts größtenteils aufgelöst. Die französischen Compagnonnages, die historisch bis ins Mittelalter zurückgehen, aber erst im 16. Jahrhundert historisch manifest werden, umfaßten Gesellen, die intern gegliedert waren.

Für die weitere Entwicklung der Freimaurerei wurde dann später der Umstand bedeutsam, daß die Gilden in England auch Nicht-Werkmaurer in ihre Reihen aufnahmen. Nach englischer Definition ist die spekulative Freimaurerei – zum Unterschied von der Werkmaurerei, der sie entsprang –, „ein besonderes, in Allegorien gekleidetes und durch Symbole dargestelltes Moralsystem" (zit. nach: Die Entwicklung der Freimaurerei, S. 28). Um 1670 überwogen bereits in einzelnen Logen die Nicht-Werkmaurer, so daß die Forschung annahm, es habe sich um die innere Gilde der Steinmetzen ein äußerer Ring gebildet, der sich aus Lieferanten, Söhnen von Maurern, Ortsgeistlichen, Bauhandwerkern verwandter Berufe, Zimmerleuten, Spenglern und Glasmalern zusammensetzte, die sich später in den inneren Ring integrierten und dann 1717 in London neu formierten. Am 24. Juni 1717 kam es durch fünf Londoner Logen zur Gründung einer Großloge, deren erster Großmeister Anthony Sayer war. Dieser Gründungsakt und der Anspruch, die erste Großloge im modernen Sinne konstituiert zu haben, ist eine historische Theorie, die nicht eindeutig quellenmäßig belegt werden kann, zumal auch kein Gründungsprotokoll überliefert ist.

2. Die Anfänge und Verbreitung

Der Freimaurerbund breitete sich zunächst im britischen Inselreich aus, ehe er auch auf dem Festland, in Frankreich, in den Niederlanden, in Deutschland und Österreich Fuß zu fassen begann. Er gelangte über mehrere Etappen nach Wien. Im Jahre 1737 wurde die „Loge d'Hambourg" gegründet und 1738 Friedrich II. von Preußen als Kronprinz in einer Deputationsloge aus Hamburg in den Bund aufgenommen. Unter seinem Protektorat stand die 1741 in Leben gerufene Loge „Aux Trois Globes" in Berlin, die spätere Großloge „Zu den drei Weltkugeln". Von Berlin aus wurde dann auch am 18.5. 1741 die Loge „Aux Trois Squelettes" errichtet, die unter der Hammerführung von Fürstbischof Philipp Gotthard Graf Schaffgotsch in Breslau arbeitete. Ein Mitglied dieser Loge, Reichsgraf Albrecht Joseph von Hoditz, nahm dann in Wien die Einsetzung der Loge „Aux Trois Canons" vor. Die ersten Logenmitglieder waren größtenteils schon früher außerhalb Österreichs in den Freimaurerbund aufgenommen worden.

In der Habsburgermonarchie hat Prag eine Sonderstellung eingenommen. Die neuere Forschung betont, daß dort frühestens 1735 eine Loge bestanden haben könnte, während sich die alte Auffassung, daß auf Betreiben des Reichsgrafen Franz Anton Sporck eine Bauhütte schon 1726 entstanden sei, als falsch herausstellte. Franz Stephan von Lothringen, der 1731 von einer nach dem Kontinent entsandten Deputation der englischen Großlogen im Haag in den Freimaurerorden aufgenommen wurde, erhielt ein Jahr später in London den Meistergrad. Seiner Intervention ist es höchstwahrscheinlich zu verdanken, daß die 1738 von Papst Clemens XII. gegen die Freimaurerei erlassene Bannbulle in der Habsburgermonarchie nicht wirksam wurde und auch die zweite Bulle 1751 von Papst Benedikt XIV. in Österreich keine Anerkennung gefunden hat.

Die erste Wiener Loge bestand nur kurze Zeit. Vom 17. 9. 1742 bis 7. 3. 1743 wurden 49 Aufnahmen vorgenommen und zahlreiche Gesellen- und Meistererhebungen durchgeführt. Die Aufhebung der Loge erfolgte 1743 durch Polizeigewalt.

In der englischen Freimaurerei trat mit dem Großmeister John Théophilus Désaguliers 1719 eine wichtige Änderung ein, weil nun eine große Anzahl von bedeutenden und einflußreichen Männern in die Logen eintrat und gleichzeitig auch die Diskussion eröffnet wurde, die dann zum Konstitutionenbuch von 1723 führte. Es folgte ein relativ rascher gesellschaftlicher Aufstieg der Freimaurerei, der von einer starken Ausdehnung der Großloge begleitet war. Auch Désaguliers' gesellschaftliche Bemühungen hatten Erfolg: 1737 erhielt der Prinz of Wales das Licht, wodurch das Ansehen der englischen Freimaurerei gesteigert wurde. Als protestantischer Geistlicher tätig, befaßte sich Désaguliers intensiv mit den Naturwissenschaften, war mit Newton befreundet und Mitglied der Royal Society in London, die zu einem Zentrum der Rosenkreuzer und der frühen Freimaurerei wurde.

Ein schottischer katholischer Adeliger, Chevalier de Ramsay, galt als wichtiger Förderer der Freimaurerei in Frankreich. Zu den Mitgliedern der französischen Logen zählten weniger als in England die Adeligen, sondern mehr die Intellektuellen, die Achtung besaßen und das Kultur- und Geistesleben in Frankreich nachhaltig beeinflußten. Chevalier Ramsay wurde Erzieher des Sohnes des vertriebenen Königs Jakob III., Eduard Stuart. 1728 hatte sich die englische Großloge geweigert, ihn als Bruder aufzunehmen, da er sich für eine tiefgreifende Reform der Freimaurerei aussprach. 1736 war er nach Frankreich zurückgekehrt und spielte bald in der französischen Freimaurerei eine führende Rolle.

3. Der Höhepunkt im 18. Jahrhundert

Für die Entwicklung der Aufklärungsgesellschaften waren staatliche Vorschriften als Rahmenbedingungen bestimmend. Der Spielraum hing praktisch völlig von dem Ausmaß staatlicher Einflußnahme ab. Über die Motive für die Gründung verschiedener Gesellschaften läßt sich allgemein sagen: diese spezifische Art freiwilliger und partieller Vergesellschaftung war dort am stärksten ausgeprägt, wo einerseits die Verbindlichkeit ständisch-korporativer Lebensgestaltung abnahm oder schwand, während sich andererseits im Bürgertum neue Bedürfnisse und Interessen herausbildeten, die nicht mehr nur auf das engere Berufsfeld und Standesleben bezogen waren. Die Mitglieder der Sozietäten schlossen sich zu freier Geselligkeit zusammen und strebten Freundschaft und menschliche Bindungen an. Zugleich wollten sich die Mitglieder gegenseitig belehren, voneinander lernen und sich bilden, um vernünftig und aufgeklärt zu werden; sie wollten für sich das zu erreichen versuchen, was im 18. Jahrhundert mit „Glückseligkeit" bezeichnet wurde. Die Gesellschaften setzten sich aber auch gemeinnützige Ziele, wie die Förderung des Gemeinwohls und die Verbesserung gesellschaftlicher Zustände. Das Bekenntnis zur Aufklärung war allen Gesellschaften gemeinsam.

Ihre Grundlage war der sich allmählich herausbildende moderne Staat mit seiner Beamtenschaft und die beginnende Emanzipation des Bürgertums in Verwaltung, Wissenschaft und Wirtschaft. Im Prozeß bürgerlicher Emanzipation stellten sie eine wichtige Etappe zwischen feudaler Korporation und bürgerlicher Assoziation dar. Zur Entstehung bürgerlicher Öffentlichkeit trugen sie wesentlich bei, können als deren Medien aber noch nicht bezeichnet werden. Sie waren eine Erscheinungsform des tiefgreifenden gesellschaftlichen Transformationsprozesses. In den Aufklärungsgesellschaften wurden zum erstenmal über konfessionelle Grenzen, staatliche und ständische Interessen hinweg gemeinsame, für die ganze Gesellschaft verbindliche Anliegen vertreten. Ihre Zahl und ihre Bedeutung nahmen seit der Mitte des 18. Jahrhunderts stark zu, bald war in ihnen eine erheblicher Teil des Bürgertums organisiert.

Unter diesen Sozietäten waren die Lesegesellschaften am verbreitetsten. Sie entstanden aus Gruppen literarisch und wissenschaftlich interessierter Bürger und erweiterten sich seit ca. 1770/75 zu Lesekabinetten, die eigene Räume, manchmal sogar eigene Häuser, eine Präsenzbibliothek, auch Schreib- und Unterhaltungszimmer besaßen. Ihre Mitglieder gehörten dem gehobenen Bürgertum und der literarischen und philosophischen Intelligenz an; untere Gesellschaftsschichten blieben weitgehend ausgeschlossen. Ziel war die „Förderung der Wissenschaften" und „die Verfeinerung der Sitten". Dies deckte sich weitgehend mit den Vorstellungen der Aufklärung und deutete darauf hin, daß trotz unterschiedlicher Auffassungen in der Interpretation dieser Bewegung ein annähernd einheitliches Selbstverständnis der Aufklärer bestanden hat. Die Bedeutung der Lesegesellschaften lag im Lektüreangebot, da dadurch das Informationsbedürfnis abgedeckt werden konnte. Die Lesegesellschaften formten den geselligen Umgang der Mitglieder untereinander neu, denen das Bedürfnis nach Wissenserweiterung gemeinsam war. Dabei ging es vor allem um bessere Information und gemeinsame Aussprache über die Ereignisse der Zeit.

Die patriotischen und gemeinnützigen Gesellschaften waren stark nach außen gewandt und gesellschaftlich engagiert. Dieses Ziel versuchten sie durch die Erprobung und Einführung technisch-ökonomischer Neuerungen und soziale Aktivitäten zu erreichen. Zu ihnen zählte eine Vielzahl unterschiedlicher Sozietäten, wie z.B. die ökonomischen oder Ackerbaugesellschaften, die als politische und wirtschaftliche Mobilisierungsinstrumente der monarchischen Zentralgewalt eine wichtige Funktion ausübten. Sicher hat auch die rasche Verbreitung der physiokratischen Lehren die Bemühungen um eine Reform der Landwirtschaft entscheidend beeinflußt. Die ökonomischen Sozietäten entstanden vor allem in Österreich auf Empfehlung von oben. Die Regierungen erhofften sich von der Errichtung regionaler Ackerbaugesellschaften eine kontinuierliche Verbesserung der landwirtschaftlichen Produktion.

Eine wichtige Rolle kam schließlich im Prozeß der Aufklärung neben den hier erwähnten Gesellschaften auch der Freimaurerei und den Geheimbünden zu. Im Mittelpunkt der Logen, in denen sich ihre als Weltbürger verstehenden Mitglieder eine selbst geschaffenen Ordnung gaben, stand die ritualisierte Freundschaft, die in der Trennung von der Außenwelt, jenseits der ständisch aufgebauten Gesellschaft, der Konfessionen und Staaten erlebt wurde. Durch das Fehlen eines eigenständigen, wirtschaftlich starken Bürgertums und durch die strukturelle Krise des späten Absolutismus war aber die Freimaurerei rasch als Mitträger der Aufklärungsbewegung zurückgedrängt worden. Ihr Niedergang führte schließlich zu einer Aufspaltung in verschiedene ideologisch-politische Richtungen und zur Gründung entgegengesetzt orientierter Geheimgesellschaften, wie Rosenkreuzer, Asiatische Brüder und Illuminaten.

In der Zeit von Juli bis September 1782 tagte in Wilhelmsbad bei Hanau ein internationaler Freimaurerkonvent, der wegen der Ausuferung der regulären schottischen Hochgradmaurerei in Europa, des Auftretens unseriöser Konkurrenten, Fehlentwicklungen in System und Ritual und wegen Abspaltungsversuchen und Legitimationsproblemen einberufen wurde. Alle diese Bestrebungen weckten in breiten Freimaurerkreisen die Hoffnung auf eine schon längst notwendige Neuordnung. In dieser für die Freimaurerei schwierigen Zeit fand der erwähnte Konvent statt, auf dem sehr heterogene esoterisch-ideologische Strömungen hervortraten. Die drei Hauptgruppen umfaßten die Anhänger verschiedener hermetisch-alchemistischer Traditionen, die französischen Vertreter des mystisch-spiritualistisch-martinistischen Lyoner-Systems sowie die Rationalisten und Aufklärer. Nach diesem Konvent entstand der „Eklektische Bund" in Frankfurt, der vorsah, daß nur mehr die drei Johannisgrade (Lehrlings-, Gesellen- und Meistergrad) künftig als verbindlich anerkannt werden sollten.

Daneben entstand im 18. Jahrhundert auch die Bruderschaft der Gold- und Rosenkreuzer, die durch die Aufhebung des Prager Zirkels 1764 öffentlich bekannt wurde. In diesem Kreis existierte bereits eine enge Verbindung zwischen Freimaurern und Rosenkreuzern. Das Eindringen der Rosenkreuzer in die Logen wurde vor allem durch das Hochgradsystem begünstigt. Die Rosenkreuzer gaben sich innerhalb dieses Systems als die höchste Stufe der Freimaurerei aus. Das Herrschaftssystem des Ordens wurde durch die Hierarchie des Wissens gefestigt. Das Anliegen der Bruderschaft war religiöser Natur. Nach 1767 breitete sie sich rasch aus und gewann auch zusehends politischen Einfluß.

Der der Bruderschaft der Rosenkreuzer entgegengesetzte Geheimbund der Illuminaten wurde 1776 in Ingolstadt gegründet. Den Anlaß bildete eine von Adam Weishaupt vermutete und gegen die Aufklärung gerichtete Verschwörung von Exjesuiten und Rosenkreuzern. Ideologisch war er von der radikalen, materialistischen französischen Aufklärungsphilosophie abhängig, womit er wesentlich über die Freimaurerei hinausging.

Freimaurerei und Geheimbünde haben zweifelsohne als gesellschaftliche Formationen die Aufklärung entscheidend mitgeprägt. In ihnen wurden schon vor der Französischen Revolution z. T. demokratische Formen der Willensbildung entwickelt, zumal die Gesamtheit der Mitglieder die letzte Entscheidungsgewalt besaß. Die Ämter der Gesellschaft, ihre Ausschüsse, Kommissionen, Versammlungen und ihre Gesetzgebung waren im Sinne der Mitbestimmung aller Glieder nach dem Mehrheitsprinzip das Abbild eines republikanischen Verwaltungssystems. Das Überwinden von territorialen, konfessionellen und sozialen Schranken war ein wesentlicher Bestandteil des humanitären und gesellschaftlichen Verständnisses der Freimaurerei dieser Zeit.

Wichtig erscheint in diesem Zusammenhang auch das komplexe Verhältnis der Freimaurerei zur Revolution. Die Freimaurerei war bei der geistigen Vorbereitung der Revolution durch das kulturelle, humanitäre und gesellschaftliche Engagement ihrer Mitglieder direkt und indirekt beteiligt, zumal die gesellschaftlichen und politischen Verhältnisse des Ancien Régime und aufgeklärten Absolutismus trotz Reformen noch immer im Gegensatz zu den maurerischen, humanitär-ethischen Anliegen standen. Die Freimaurerei als Organisation lehnte zwar aus prinzipiellen Gründen den revolutionären, gewaltsamen Umsturz ab, da sie ein klares Bekenntnis zur staatlichen Ordnung ablegte, doch war sie andererseits bereit, einen Bruder, der sich an einer Rebellion oder Revolution beteiligt hat, nicht auszuschließen.

Die Freimaurerei geriet mit ihrer Befürwortung der Toleranz und Freiheit sowie mit dem Bestreben nach Hebung der allgemeinen Bildung, Abbau der Standesvorrechte und Beseitigung der sozialen Ungerechtigkeiten stark in die Nähe der politischen Spätaufklärung und Frühphase der Französischen Revolution. Das hier angesprochene politische Verständnis war allerdings z.T. noch vorrevolutionär und dem Ideologisierungsprozeß der politischen Spätaufklärung entsprungen, gleichzeitig aber bereits – sofern es sich um Vorstellungen handelte, die nach 1789 entwickelt wurden – von der Französischen Revolution beeinflußt. Vor 1789 war das Republikverständnis noch stark moralisch verankert und stellte daher nur eine ethische Bedrohung des Staates dar. Nach 1789 wird dieses Verständnis politischer, da die Französische Revolution die ungleichen Hierarchien der Gesellschaft durch das Prinzip der Gleichheit ersetzte und damit ein wichtiges freimaurerisches Postulat, das bereits vor 1789 in den Logen zu praktizieren versucht wurde, realisierte. Während vor 1789 in den Logen noch deutlich die aufklärerische Tendenz einer ständetranszendierenden gesellschaftlichen Bewegung spürbar war, änderte sich diese Einstellung bei jenen Freimaurern, die sich zu einem konsequenten bürgerlichen Demokratismus bekannten. Diese Gruppe innerhalb der Logen wurde zu revolutionären Demokraten, die allerdings eine Minderheit bildeten. Entscheidend war für sie, und darin hoben sie sich von den reformerischen Aufklärern ab, die Tatsache, daß durch Reformen keine grundlegende Änderung der Gesellschaftsordnung erreicht werden könne. Sie forderten die politische Gleichheit und Freiheit aller Bürger, unabhängig von Herkunft, Besitz und sozialer Stellung. Bei ihnen war letztlich das Revolutionsverständnis entscheidend.

4. Das 19. Jahrhundert

Wurde der Bruch mit der traditionellen politisch-sozialen Ordnung des Ancien Régime schon durch die Politisierung und Ideologisierung der Aufklärung vorbereitet, so drohte durch die Französische Revolution 1789 die Sprengung des gesamtgesellschaftlichen Gefüges. Durch Säkularisation, Mediatisierung und Reichsauflösung brach die deutsche Staatenwelt zusammen. Die Niederlage Preußens 1806/07 und die territorialen Umwälzungen erzwangen tiefgreifende politische und gesellschaftliche Reformen, an denen auch Freimaurer maßgeblich beteiligt waren. Der Zusammenstoß zwischen dem revolutionären Frankreich und den Mächten des alten Europa führte zu einer völligen Umgestaltung der politischen und territorialen Lage, die auf dem Wiener Kongreß nicht mehr rückgängig gemacht werden konnte. Die entscheidende Bedeutung der Wende vom 18. zum 19. Jahrhundert lag daher in der Spannung von Revolution, Reform und restaurativen Tendenzen, die über 1815 hinaus im Konflikt zwischen den Verteidigern des Ancien Régime und den neu entstehenden nationalliberalen Bewegungen fortdauerte. Freimaurer fanden sich auf beiden Seiten dieses Konflikts.

Der entscheidende Übergang fand seinen Ausdruck im säkularen Wandel, der mit der westeuropäischen Doppelrevolution am Ausgang des 18. Jahrhunderts eingeleitet und vielfach mit dem Beginn der Moderne gleichgesetzt wurde. Mit der industriellen Revolution in England wurde das technisch-industrielle Zeitalter eingeleitet und damit ein Prozeß des beschleunigten Wachstums, des technologischen Wandels und der sozialen Veränderungen, während die Ergebnisse der politisch-sozialen Revolution in Frankreich mit dem Abbau ererbter Privilegien, der Erklärung der Menschen- und Bürgerrechte und der beginnenden Demokratisierung verbunden waren. Freimaurer setzten sich hier an die Spitze dieser Entwicklung. Die Zeit der Französischen Revolution und der napoleonischen Herrschaft verdeutlicht die politische Auseinandersetzung zwischen revolutionärer und vorrevolutionärer Gesellschaftsordnung. Die deutschen Reformstaaten standen vor der Aufgabe, ihre eigenen historischen Traditionen mit den revolutionären Herausforderungen von außen in Einklang zu bringen. Die gesellschaftlichen Mischformen, die sich in dieser Übergangsphase herausgebildet haben, zeigten zum Teil traditionelle und moderne Elemente, heterogene Gesellschaftsformen, auch Möglichkeiten, mit modernen Mitteln traditionelle Herrschaftsziele durchzusetzen. Der Verlaufsprozeß war stark von Schüben und Rückentwicklungen, von Refeudalisierung und Modernisierung geprägt. In diesem Spannungsverhältnis muß auch die Freimaurerei dieser Zeit mit ihren Reformansätzen gesehen und beurteilt werden.

Zweifelsohne sind diese Umbrüche und Veränderungen in der ersten Hälfte des 19. Jahrhunderts als teilweise Fortführung der Errungenschaften der Aufklärung und Französischen Revolution zu sehen und als umfassende Emanzipationsbewegung zu deuten. Der Reformprozeß dieser Zeit wurde allerdings in erster Linie von der Staatsspitze vorangetrieben, so daß man in diesem Zusammenhang auch den Begriff „Revolution von oben" verwendet hat. Die erste revolutionäre Veränderung der Verhältnisse innerhalb des Reiches, jene in den linksrheinischen Gebieten, erfolgte tatsächlich „von oben" bzw. „von außen".

Auch die Stein-Hardenbergschen Reformen in Preußen sind als Antwort auf die Französische Revolution und die napoleonische Herausforderung zu sehen. Hardenberg und Stein waren selbst Freimaurer. Sie waren davon überzeugt, daß ohne grundlegende Reformen in Staat und Gesellschaft im napoleonischen Europa keine Überlebenschance mehr bestand.

Alle großen Forderungen der Zeit wurden als Emanzipationsforderungen aufgefaßt. In der Tat waren Restauration, Romantik und dann besonders der Vormärz in ihrem Kern und in ihrer Grundstruktur durch den Aufstieg des Bürgertums und die Ausformung der bürgerlichen Gesellschaft bestimmt. Das Ringen um die Emanzipation sozialer und humanitärer Gruppen, wie z.B. die Freimaurerei, verdeutlicht die Vielfalt und Komplexität der Probleme des Übergangs zu einer neuen, auf die Freiheit des Individuums und des Eigentums gegründete Gesellschaftsform. Agrarreformen, Gewerbereformen, Gemeindereformen, Schul- und Universitätsreformen, die Freimaurer aktiv mitgestaltet haben – alle diese gesetzgeberischen und politischen Maßnahmen waren Teile eines umfassenden gesellschaftlichen Emanzipationsprozesses, durch den die Fesseln der alten Gesellschaft zuerst gelockert und dann langsam aufgesprengt wurden. Von dieser Entwicklung konnte die Freimaurerei trotz ihrer spezifisch inneren Ausformung nicht unberührt bleiben, und vor diesem gesellschaftlichen Veränderungsprozeß müssen daher auch die verschiedenen Reformansätze innerhalb der Freimaurerei gesehen werden.

Die 1815 durch den Wiener Kongreß geschaffenen Rahmenbedingungen bestimmten für mehrere Jahrzehnte auch die Formen der Durchsetzung bürgerlicher Gesellschaft. Der zunehmende Widerspruch zwischen der politischen Emanzipation der bürgerlichen Gesellschaft und einer staatlichen Ordnung, die trotz Modernisierung durch Verfassungen und Reformen auf die Konservierung vorbürgerlicher Herrschaftsstrukturen angelegt war, bildete eine der Grundtendenzen der ersten Hälfte des 19. Jahrhunderts. Dieser Widerspruch führte schließlich über mehrere politische und soziale Einzelkonflikte in eine gesamtgesellschaftliche Systemkrise, die sich in der Revolution 1848/49 entlud.

Die Reformbestrebungen innerhalb der Freimaurerei im Übergang vom 18. zum 19. Jahrhunderte bezogen sich nicht nur auf die Organisation der Großlogen, sondern betrafen auch inhaltliche Probleme der Arbeit und des Brauchtums. Besonders zu erwähnen sind hier die deutschen Freimaurer Knigge, Fichte, Schröder und Fessler, die sich an die Spitze der Reformbestrebungen stellten. Es ging ihnen u. a. vorrangig um eine Modernisierung der Logenverfassungen, des Rituals, um eine Anpassung der freimaurerischen Arbeit an die Strömungen der Zeit und um einen zielbewußten Aktivismus, ohne allerdings gewachsene Traditionen über Bord zu werfen.

Am 20. Oktober 1798 erließ König Friedrich Wilhelm III. ein Gesetz „wegen Verhütung und Bestrafung geheimer Verbindungen, welche der allgemeinen Sicherheit nachteilig werden könnten". Dieses Edikt wurde als ein politischer Wendepunkt in der Geschichte der brandenburgisch-preußischen Freimaurerei angesehen und verdeutlicht die enge Wechselbeziehung zwischen Politik und Freimaurerei. Diese enge Verbindung läßt sich auch am Beispiel der Schweizer Freimaurer als Wegbereiter des Bundesstaates von 1848 deutlich aufzeigen, ein Entwicklungsprozeß, der 1798 mit dem Zusammenbruch der alten Eidgenossenschaft einsetzte und 50 Jahre dauerte. Schweizer Freimaurer waren maßgeblich an dieser Entwicklung und an der Gründung des Bundesstaates beteiligt.

In Österreich verlief die Geschichte der Freimaurerei etwas anders als in Deutschland. Hier war das Jahr 1798 mit Sicherheit keine Wende, weil der Regierungsbeginn Kaiser Josephs II., die Gründung der Großen Landesloge von Österreich 1784 und das kaiserliche Handbillett von 1785 tiefere Einschnitte darstellten. Eine zweite, vielleicht noch wichtigere Zäsur erfolgte mit Kaiser Franz II. und dessen Kriminalpatent von 1795, mit dem die Freimaurerlogen und Geheimgesellschaften in den k.k. Staaten verboten wurden. Das kaiserliche Handbillett Josephs II. vom 11. Dezember 1785 stand in einem engen Zusammenhang mit der Gründung der österreichischen Großen Landesloge von 1784, mit der die Einigung und Zusammenfassung sämtlicher Bauhütten in der Habsburgermonarchie – mit Ausnahme der österreichischen Niederlande – vollzogen wurde. Angesichts des Aufschwungs, den die Logen in den ersten Regierungsjahren Josephs II. genommen haben, und der Gründung der Großen Landesloge scheint es im ersten Moment unverständlich, daß der Kaiser das Freimaurerpatent erließ, mit dem praktisch die Logen in Österreich der Polizeiaufsicht unterstellt wurden. Eine Erklärung der Ursachen, die zum Erlaß des Handbillets führten, muß vor allem auf die komplexen Zusammenhänge zwischen aufgeklärtem Absolutismus und Freimaurerei eingehen. Sicher ist, daß der absolutistische Herrscher Joseph II. trotz aufgeklärter Einstellung das geheime Wirken der Freimaurer nicht akzeptieren wollte, da es im Gegensatz zu den Grundsätzen des Absolutismus stand. Zwar wurde die positive Entwicklung der Freimaurerei in den ersten Regierungsjahren Josephs von oben unterstützt, da der Kaiser zur Propaganda für seine Reformen zuverlässige Helfer benötigte, doch mußten diese Absichten und die geplante straffe Führung durch die Große Landesloge das Eigenleben der Logen stören und Widerstände hervorrufen. Auch der heftige Streit zwischen den symbolischen und schottischen Logen war mit ein Grund für die Vorgehensweise Josephs. Letztlich waren also politische Gründe für den Erlaß des Patents ausschlaggebend.

Die Regierung Franz II. war vor allem im Einflußfeld der Französischen Revolution durch das starre Festhalten an der traditionellen Gesellschaftsordnung, durch Haß auf Radikale und Reformer und durch den Glauben gekennzeichnet, daß Polizeiunterdrückung das beste Mittel zur Lösung politischer Probleme sei. Wohl unter dem Eindruck der Jakobinerprozesse wandte sich Franz II. am 2. Januar 1795 mit einem Hofdekret gegen Staatsverbrecher. Das „Kriminalpatent" nahm in aller Schärfe zu staatsgefährdenden Verbrechen Stellung.

Wurde das geheime Polizeisystem schon unter Joseph II. eingeführt, so begann nach 1815 die Polizei im Staat eine immer größere Rolle zu spielen. Als eine der Hauptaufgaben kam ihr die Verhinderung der Ausbreitung liberaler und demokratischer Ideen und die Bekämpfung der angeblich nach wie vor im Geheimen wirkenden Freimaurerlogen zu. Eine wesentliche Voraussetzung dafür war die Verschärfung der Zensur, die rigoros gehandhabt wurde, und ein weitverzweigtes Spitzelwesen. So ist es verständlich, daß es in diesem politischen und geistigen Klima für die Freimaurerei, die seit dem Kriminalpatent verboten war, keine Möglichkeiten einer Reaktivierung ihrer rituellen Arbeiten gab.

Diese erwähnten Beispiele deuten darauf hin, daß die Geschichte der österreichischen Freimaurerei um die Jahrhundertwende anders verlief als in Deutschland. In Österreich gab es auch nach 1800 keine Fortsetzung jener Reformen, die bereits durch den aufgeklärten Absolutismus bzw. Josephinismus eingeleitet wurden. Mit der reaktionären Politik Franz II. und seiner Ratgeber hörten die masonischen Aktivitäten in Österreich auf, wenngleich die Brüder höchstwahrscheinlich weiter persönlich in Verbindung blieben.

Im 19. Jahrhundert waren zwar einzelne Freimaurer an der nationalen Einigungsbewegung beteiligt, doch wäre es sicher falsch zu behaupten, die deutsche und italienische Einigung wäre das alleinige Werk der Freimaurerei gewesen. Schon in der ersten Hälfte des 19. Jahrhunderts sind allerdings neue Geheimbünde entstanden, die sich durch ihren politischen Charakter wesentlich von der Freimaurerei unterschieden, auch wenn sie sich in der äußeren Form und in den praktischen Organisationsstrukturen an der Maurerei orientierten.

Der Antiklerikalismus, der den Liberalismus begleitete, und der Nationalismus des 19. Jahrhunderts beeinflußten die Freimaurerei stärker als kirchliche Auseinandersetzungen. In der Zeit zwischen 1821 und 1884 gab es acht päpstliche Erklärungen, die ausdrücklich gegen die Freimaurerei bzw. gegen die mit der Maurerei fälschlich gleichgesetzten Carbonari gerichtet waren. Mit der Gründung des Grand Orient de France 1799 und der kurzfristigen Eingliederung des Alten und Angenommenen Schottischen Ritus setzte die rasche Verschränkung freimaurerischer Aktivitäten mit der Politik und den Regierenden ein. 1849 führte man in den Logen des

Grand Orient de France die Bestimmungen über die Verpflichtung des Symbols des „Großen Baumeisters aller Welten" ein. In dieser Entwicklungsphase der europäischen Freimaurerei kam es in engem Konnex zum Liberalismus besonders in den romanischen Ländern zu einem stärker ausgeprägten Antiklerikalismus und einer antikirchlichen Politik. Der französische Großorient verfügte dann 1877, daß die Anrufung des Großen Baumeisters den Mitgliedern freigestellt werde und legte das neue freimaurerische Verständnis in der Verfassung des Grand Orient fest: „Die Freimaurerei, eine vor allem philantropische, philosophische und fortschrittliche Institution, hat zu ihrem Zweck das Suchen nach Wahrheit, das Studium allgemeiner Moralität, der Kunst und Wissenschaften und die Ausübung der Wohltätigkeit. Sie hat zu Grundsätzen die unbedingte Gewissensfreiheit und die menschliche Solidarität, sie schließt niemanden um seines Glauben willens aus, sie hat als Wahlspruch: Freiheit, Gleichheit, Brüderlichkeit" (zit. nach Dieter A. Binder, Die Freimaurer, S. 111).

Im 19. Jahrhundert war man in Deutschland bestrebt, die Großlogenverfassungen zu modernisieren, die freimaurerische Arbeit der Zeit anzupassen und bei aller Wahrung der Tradition im Ritual zu einem zielbewußten gesellschaftspolitischen Aktivismus zu gelangen. Genau mit Beginn des 19. Jahrhunderts setzte die Reformwelle in der deutschen Freimaurerei ein. In diesem Zusammenhang stellt sich die Frage, warum der Freimaurerbund, der noch relativ jung war, so rasch wieder reformbedürftig erschien? Dies hängt vor allem mit der Aufklärung und Französischen Revolution, aber auch mit den hochgespannten Ideen zusammen, die den geistigen Gehalt der Freimaurerei festlegten. Deutlich wird bei den Intentionen der Reformen ein Grundkonflikt in der Konzeption der Freimaurerei, der im Fortwirken mythischer Ideen und dem rationalisierten Tugendverständnis der Aufklärung bestand. Die Reform der Loge „Royal York zur Freundschaft" durch Ignaz Aurelius Fessler verdeutlicht diesen Konflikt anschaulich. Auch der Reformer Friedrich Ludwig Schröder mit seinen Ritualänderungen, die bis heute in der humanitären Freimaurerei verbindlich geblieben sind, zeigen das Bemühen, die Initiationshandlungen in hochstilisierter Form für das moderne Bewußtsein zu retten.

Ein schwierig zu beurteilender Aspekt in der Geschichte des Nationalismus im 19. Jahrhundert ist das Verhältnis der Freimaurerei zur nationalen Frage. Prinzipiell müssen hier zwei Ebenen unterschieden werden, nämlich das Verhältnis der Freimaurerei zum Staat, der sich in Deutschland erst in der 2. Hälfte des 19. Jahrhunderts zum Nationalstaat entwickelte, und das Verhältnis der Freimaurerei zur nationalen Frage. Während in Italien und Griechenland die freimaurerischen Organisationen in die revolutionären nationalen Bewegungen eingebunden waren, traten in Deutschland die Freimaurerlogen und die politischen Geheimbünde unabhängig voneinander auf. Da die Freimaurerei von den Nationalitätsideen betroffen war, setzte sie sich auch mit der nationalen Frage verstärkt auseinander. Dabei kooperierte sie teilweise mit den fortschrittlichen national-liberalen Kräften, um die nationale Einigung zu fördern. Daraus erklärt sich u.a. auch die Beteiligung zahlreicher Freimaurer an der Frankfurter Nationalversammlung 1848. Es war gerade die Aufgeschlossenheit für fortschrittliche Entwicklungen, welche die Brüder veranlaßte, sich der nationalen Bewegung anzuschließen, zumal mit dem nationalen Gedanken auch die demokratische Idee in Verbindung stand.

Wenn die dem Frankfurter Parlament angehörenden Freimaurer auch unterschiedliche politische Auffassungen vertraten, wie z.B. demokratische, liberale, katholische, konstitutionell-monarchische, konservative und streng konservative, so zeichneten sich alle durch ihre mehr oder weniger tolerante Haltung aus, wie sich aus den Protokollen ihrer Reden in den Ausschüssen der Paulskirche rekonstruieren läßt. An diesem Beispiel kann man feststellen, daß den Freimaurerbund trotz allen politischen Versagens und kleinkarierter Vereinsmeierei vor allem eines auszeichnete: menschliche Duldsamkeit und gegenseitige Achtung.

Die Beteiligung der Freimaurerei an der nationalen Bewegung in Italien, die später zur Gründung des italienischen Staates führte, wurde oft falsch beurteilt. Die Einigung Italiens war nicht das Werk der Freimaurer, wenngleich einige Mitglieder der Logen eine führende Rolle im Einigungsprozeß spielten. Der Geheimbund der Carbonari ahmte zwar einige äußere Formen und praktische Organisationsmethoden der Freimaurerei nach, hatte aber mit ihr nicht unmittelbar zu tun.

Gab es auch im 19. Jahrhundert starke Auseinandersetzungen der Kirche mit der Freimaurerei, so tauchte nun mit dem Sozialismus und Kommunismus ein neues Problem auf, weil deren Vorstellungen sich mit den Grundgedanken der Freimaurerei nur teilweise vereinbaren ließen. Die Sozialisten betrachteten die Freimaurerei als eine elitäre Gesellschaft und hatten daher Vorbehalte, mit ihr zusammenzuarbeiten. Die Kirche warf andererseits der Freimaurerei vor, daß sie die Grundsätze des Sozialismus erfunden, verbreitet und verteidigt hätte.

Das eigentlich Charakteristische für die Entwicklung des 19. Jahrhunderts waren neben dem hier angesprochenen Nationalismus und der nationalen Frage ein über alle bisherigen Erfahrungen hinausgehender beschleunigter Wandel der überkommenen Lebensverhältnisse und Lebensformen durch die Industrialisierung und Technisierung, der zugleich zu einer tiefen Verunsicherung, ja vielfach zu einer Identitätskrise führte. Hatte Hegel zu Beginn des 19. Jahrhunderts noch von einer gewissen Linearität des dialektisch verlaufenden Fortschrittsprozesses gesprochen, so vermehrten und erweiterten sich die Spannungsfelder der an diesem Prozeß beteiligten Kräfte und Bewegungen. Schließlich standen zunehmender Fortschrittspessimismus mit Fortschrittshoffnungen in den neuen bürgerlichen Führungsschichten unvermittelt nebeneinander, ein Tatbestand, der das Aufkommen irrationaler, zum Teil ausgeprägt antimodernistischer Strömungen nachhaltig begünstigte. Diese Entwicklung führte dann in die tiefgreifende politische und gesellschaftliche Krise des 20. Jahrhunderts.

In dieser schwierigen Entwicklungsetappe hatte die Freimaurerei in Deutschland, insbesondere in Preußen, zum Teil den Schutz der regierenden Häuser. Ihre Bedeutung lag neben den Leistungen in der Reformbewegung, im Engagement 1848/49 und in der nach 1871 erfolgten Bildung des Großlogenbundes, der sich gelegentlich als geeignetes Mittel zu fruchtbarer Arbeitsanregung erwies. Die erste Hälfte des 19. Jahrhunderts war allerdings für die europäische Freimaurerei eine ständige geistige, manchmal auch konfliktbeladene Auseinandersetzung mit unterschiedlichen politischen Systemen und Richtungen. Problematisch bleibt in diesem Zusammenhang, daß sich das Selbstverständnis der Freimaurerei nun stärker als „Verein" manifestierte, zumal die Organisation der Großlogen eine zunehmend große Rolle zu spielen begann. Die Freimaurerei verstand sich als eine geschichtlich gewordene Organisation und nahm ihre Legitimation und ihre Ideen vornehmlich aus der Geschichte, weshalb Zukunftsperspektiven weitgehend fehlten.

5. Das 20. Jahrhundert

Schon vor der Machtergreifung Hitlers wurde die Freimaurerei in Deutschland besonders von Erich Ludendorff und seinem Kreis scharf angegriffen. Da die Anfälligkeit für Verschwörungstheoreme in Krisenzeiten sprunghaft zunahm, ist es verständlich, daß nicht nur in Deutschland nach 1918 die Verschwörungstheorie neue Aktualität erhielt. In seinem erstmals 1919 publizierten und 1923 bereits in 6. Auflage vorliegenden Werk „Weltfreimaurerei, Weltrevolution, Weltrepublik" unternahm Friedrich Wichtl eine Situationsanalyse nach dem Muster der Verschwörungstheorie. Seit der Zunahme des Antisemitismus im ausgehenden 19. und beginnenden 20. Jahrhundert trat das Judentum in der Verschwörungstheorie als wesentlicher Faktor hinzu, wobei auf ältere Vorstellungen zurückgegriffen wurde: Freimaurer und Juden hätten sich gegen Deutschland verschworen, den Ersten Weltkrieg angezettelt und Deutschland durch ein freimaurerisches Diktatfriedensprogramm ruiniert – so die Kurzformel der Beschuldigung. Schon im 19. Jahrhundert wurden die Juden nicht mehr nur als Gefolgsleute der Aufklärer und Revolutionäre gesehen, sondern als Drahtzieher einer auf Weltherrschaft gerichteten Verschwörung. Hier entstand bereits in Grundzügen die später von der antiliberalen und rechtsradikalen Agitation aufgegriffene These von der jüdisch-freimaurerischen Weltverschwörung als Reaktion auf die Französische Revolution. Die neuere Forschung sieht in den „Protokollen der Weisen von Zion" eine Variante des modernisierten und wiedererweckten dämonologischen Antisemitismus. Die Fälschung wurde amtlich bekannt durch den von der israelitischen Kultusgemeinde initiierten Prozeß in Bern 1934/35. Viele Nationalsozialisten sahen in den „Protokollen" den Beweis für die Weltherrschaft der jüdischen Hochfinanz. Grundvoraussetzung des ideologisch akzentuierten Verschwörungsdenkens war die moralische Verabsolutierung einer gegebenen konkreten Sozialordnung und damit ein antiliberales Weltbild, das den sozialen Wandel dieser Ordnung und die Infragestellung überkommener Erwartungshaltungen als das illegitime und böswillige Werk dämonisierter Minderheiten diffamierte. Die Tatsache, daß die Verschwörungstheorie von einem ständisch-hierarchischen Standpunkt aus Fundamentalkritik am Gleichheitsprinzip im 18. Jahrhundert übt, erklärt den Sachverhalt, daß sie sowohl von Repräsentanten des vordemokratischen Ancien Régime als auch von antiliberalen Kräften des Rechtsradikalismus der Weimarer Republik und des Nationalsozialismus in Anspruch genommen werden konnte. Auf diese Weise konstituierte die Verschwörungstheorie ein antimodernistisches Feindbild, das mithalf, in feindlicher Nähe zueinander stehende Konservative und Nationalsozialisten in gemeinsame Frontstellung gegen Liberalismus, Demokratismus und Sozialismus zu bringen.

In der nationalsozialistischen Propaganda gerieten verschiedenen Gruppierungen wie Juden, Jesuiten, Kommunisten, Sozialisten und Freimaurer in eine Schußlinie, weil sie weltweite Vernetzungen aufgebaut hatten und als überstaatliche Kräfte angesehen wurden. „Überstaatliche Mächte" wurden zur Zielscheibe des Nationalsozialismus, der jede Form von Internationalismus bekämpfte.

Die These von der freimaurerischen Weltverschwörung bildete zusammen mit der fixen Idee einer zentralen Logenleitung durch jüdische „Geheime Obere" die Basis der nationalsozialistischen antifreimaurerischen Propaganda. Alfred Rosenberg bekämpfte vor allem die Idee der Humanität, der Gleichheit aller Menschen und die Ideale der Französischen Revolution und der amerikanischen Unabhängigkeitserklärung, die sich nach seiner Überzeugung in der Freimaurerei manifestierten. Der Chefideologe der NSDAP verurteilte diese Ideen zugunsten eines Kultes neuheidnischen Barbarentums. Der mit dem Jahre 1930 einsetzende Aufstieg der Nationalsozialisten zur politischen Macht ließ für die Freimaurerei nichts Gutes erwarten. Aus diesem Grunde verließen Freimaurer auch ihre Logen, zumal es auf lokaler Ebene zu Ausschreitungen gekommen war und Freimaurer bedroht und geschäftlich boykottiert wurden. Im Januar 1934 unterzeichnete der preußische Ministerpräsident Göring eine Verordnung gegen die Freimaurerei. Zwar verzichtete er auf eine Stellungnahme zur Frage, ob die nationalen Logen als „staatsgefährdende Vereinigungen" betrachtet werden müssen, doch begründete er seinen Schritt mit der These, daß angesichts der geschaffenen Einheit des deutschen Volkes kein Bedürfnis mehr für die Erhaltung der Logen bestehe.

Bei den Brüdern der humanitären Logen war die grundsätzliche Ablehnung des Nationalsozialismus und seiner inhumanen Doktrin sehr stark entwickelt, aber manche hofften, die national-konservativen Kräfte könnten die Diktatur in Grenzen halten. Die stark nationalen Logen hingegen begrüßten die Machtübernahme Hitlers mit einem Gefühl banger Erwartung. Sie verbanden ihre Genugtuung über das Ende der Weimarer Republik mit der Hoffnung auf die Etablierung eines zwar autoritären, aber doch rechtsstaatlich gelenkten Regierungssystems mit der Sorge über das eigene Schicksal. Der erste Schritt zur Bekämpfung der Freimaurerei durch den Nationalsozialismus bestand darin, daß Freimaurer von der Mitgliedschaft der NSDAP ausgeschlossen wurden. Nach der Auflösung aller Freimaurerlogen und logenähnlichen Vereinigungen in den Jahren 1931–1935 wurden deren Akten beschlagnahmt und in die Zuständigkeit des Reichssicherheitshauptamtes transferiert. 1933–1935 vollzog sich sukzessive die Auflösung der deutschen Großlogen und Logen. Die Nationalsozialisten sorgten für eine förmliche Auflösung der Vereine, trotzdem kam es zu Plünderungen, Verhöhnungen, Deportationen, Folterungen und sogar zu Morden. Gleich nach dem Zweiten Weltkrieg formierte sich die Freimaurerei in den europäischen Staaten neu.

Lange nach dem Zweiten Weltkrieg, im Jahre 1958, schlossen sich die Freimaurer in Deutschland zu den „Vereinigten Großlogen von Deutschland" zusammen. In einer Zeit des Normenwandels und z. T. Werteverlusts, der gesellschaftlichen Destabilisierung, der nuklearen Bedrohung und der großen Umweltprobleme sieht sich die Freimaurerei erneut herausgefordert und mit den Strömungen der Zeit konfrontiert. Dazu gehört sicher auch die Frage des Verhältnisses von Kirche und Freimaurerei, das aber im Gesamtkontext der Problemlage nicht überschätzt werden darf. Entscheidend bleibt, daß die Freimaurerei den Wert des Menschen nicht nach seinem Bekenntnis zu einem Dogma beurteilt, sondern nach seiner Redlichkeit. Die letzte Instanz hat die Freimaurerei unter dem Symbol des „Großen Baumeisters aller Welten" verankert. Dies ist der Ausdruck freimaurerischen Bestrebens, auf eine Form hinzuwirken, in der es möglich ist, ohne dogmatische Festlegung und ohne Konflikte sich menschlich in Einigkeit zu begegnen.

Zweiter Teil:
Ziele und Innenleben – Theorie und Praxis

1. Freimaurerische Symbolik und Ritualistik

In der Welt der Freimaurerei spielen Symbole eine entscheidende Rolle. Die Anzahl der Symbole im freimaurerischen Leben und Ritual ist beschränkt auf drei Zentralthemen: Wer bin ich? Der Einzelne in seiner Umwelt. Den eigenen Tod bestehen (Hiramslegende im dritten Grad). Dazu kommt noch die Einbindung der Freimaurerei in ein kosmogonisches Modell als symbolischer Ort und symbolische Zeit des rituellen Ablaufs. Die Darstellungsformen sind historisch tradiert, nicht erfunden und von besonderer Schlichtheit: Sonne, Mond, unbehauener und behauener Stein, eine helle und eine dunkle Säule, eine Kornähre, ein schachbrettförmiger Boden, das Pentragramm und das Hexagramm, eine die Vorstellung eines kosmischen Urozeans aufnehmende schwarz-weiße Zickzacklinie, der Zikkurat (eine Stufenpyramide als Weltberg), um nur die wichtigsten zu erwähnen. Dabei umfaßt die Loge den Raum vom Mittelpunkt der Erde bis zu den Sternen, von Osten nach Westen und von Süden nach Norden. Die symbolischen Arbeiten vollziehen sich von „Hoch-Mittag" bis „Hoch-Mitternacht".

Der Symbolbegriff ist in „Symbole im weiteren Sinn" und in „Symbole im engeren Sinn" zu differenzieren. Symbole im weiteren Sinn sind alle Ausdrucksformen, die überhaupt als „Symbol" bezeichnet werden können, bei jenen im engeren Sinn handelt es sich um meist einfache Zeichen, figürliche Darstellungen, Laute, Objekte oder typisierte Handlungen, wobei deren Inhalt nicht auf einem Konsens beruht, sondern auf einer der Psyche immanenten „arche-typischen" Entsprechung.

Für den geistigen Inhalt, aber auch als Anhaltspunkt für die historische Einordnung der Entwicklung freimaurerischer Rituale ist es wichtig, welche Symbole verwendet werden und welche nicht. Die Valenz der Symbole im engeren Sinne kann heute mit Methoden der Tiefenpsychologie nachgewiesen werden. Ohne diese innere Valenz wäre wahrscheinlich die Freimaurerei heute nicht mehr vorhanden. Auf der Grundlage des Symbolbegriffes im engeren Sinne ist verstehbar, warum Freimaurerei undogmatisch ist, denn das Symbolverständnis hängt hier nicht von einem Konsens oder von einer Instanz ab, die festlegen könnten, was durch die Symbolik vermittelt werden soll. Die Wirkung des Symbols beruht auf einer psychischen Gleichformung. Jeder Mensch unterscheidet sich vom anderen, weshalb die Auswirkung der Auseinandersetzung mit einem Symbol trotz des grundlegenden Gleichklangs bei allen Menschen verschieden ist. Das Symbol im engeren Sinne ist auch eines der Hauptelemente für die Zeitlosigkeit und Internationalität der Freimaurerei und ihrer Unabhängigkeit von religiösen Überzeugungen. Und schließlich ist sie der eigentliche Grund für das Wesen der Freimaurerei, die den Bruder nicht verbal, sondern in einer existenziellen Verinnerlichung an die Grundfragen unseres Seins heranführt.

Wie das ganze Werk der Freimaurerei unter dem Symbol des Bauens verstanden wird, so erfolgt ihre rituelle Arbeit in Bildern und bildlichen Handlungen. Die freimaurerische Symbolik besteht daher in Lehrzeichen und symbolischen Handlungen, die in sinnbildliche Bräuche und in Erkennungszeichen gegliedert werden. Zu den Lehrzeichen zählen die drei großen und kleinen Lichter und der Teppich (Tapis) mit seinen bildlichen Darstellungen. Die sinnbildlichen Bräuche werden bei der Aufnahme und bei den Beförderungen in höhere Grade angewendet, und die Erkennungszeichen sind Handbewegungen und Handgriffe. Die Freimaurerei besteht in einer fortlaufenden Kette von Symbolen. Die Logenarbeiten werden durchgeführt, um die sinnbildlichen Gebräuche auszuführen, den Sinn der Symbole in kurzen Worten anzugeben oder in Vorträgen zu erläutern, wobei sich der geistige Inhalt der Freimaurerei zunächst nicht durch Worte zeigt, sondern durch Gestalten und Handlungen. Die Gestaltung hat den Vorteil der lebendigen Anschaulichkeit, weshalb die Rede häufig bildlich dargestellt wird, um die Gedanken und Begriffe nicht nur zu hören, sondern auch anschaulich werden zu lassen. In den Logen fehlt bei den freimaurerischen Lehrzeichen und Gebräuchen zwar nie das deutende und erklärende Wort, aber die Sprache ist nur Begleiter und Diener der Gestalt und Handlung. Die Deutung der Symbole ist nicht unbedingt festgelegt, weshalb der Freimaurer die Freiheit der Betrachtung hat.

Das Ziel der Persönlichkeitsentwicklung versucht die Freimaurerei mit unterschiedlichen Mitteln zu erreichen. So bietet sie in Gestalt der Logen einen Frei- und Vertrauensraum für geistige Auseinandersetzung, für Aktivitäten der unterschiedlichsten Arten und für Kontemplation. Im Mittelpunkt der freimaurerischen Ritualistik steht die initiatorische Methode. „Initiation" bedeutet „Einweihung". Das Ritual bezeichnet jene Ordnung, in der eine sinnbildliche Handlung vor sich gehen soll. Das Ritual ist vielfach den alten Handwerksbräuchen der Steinmetzen nachgebildet und hat von dort seinen Ursprung. Fast jede freimaurerische Lehrart hat ihr besonderes Ritual, und selbst innerhalb ein und derselben Lehrart kann dieses verschieden sein. Das Ritual hat insgesamt in der Freimaurerei eine besondere Bedeutung, weil die freimaurerischen Lehren nicht durch Worte, sondern durch sinnbildliche Formen mitgeteilt werden. Im Ritual spiegelt sich die besondere Lehrart und teilt ihren eigenen Charakter mit, auch wenn in den Grundgedanken eine Einheitlichkeit vorhanden ist. Das Ritual ist von den einzelnen Großlogen den Tochterlogen vorgeschrieben, die wiederum einzelnen Bauhütten eine gewisse Ritualfreiheit zuerkennen.

Rituale sind im freimaurerischen Verständnis sinngerichtete und dementsprechend dramatisch gestaltete Abfolgen symbolischer und allegorischer Handlungen, Worte und Gesten unter Einbeziehung figürlicher Darstellungen und Objekte. Grundidee der initiatorischen Methode ist dabei, daß der am Ritual teilnehmende Bruder durch Versenkung in das rituelle Geschehen in eine intensive Wechselwirkung der Symbolik mit seinen Emotionen versetzt wird. Jedes freimaurerische Ritual hat einen klar gegliederten Aufbau: Einstimmung des

Teilnehmers, Installierung des symbolischen Raumes, in dem sich das Geschehen vollzieht, initiatorischer Zentralteil, Auflösung des symbolischen Raumes und Abschluß. Kernstück der Freimaurerei und zentraler Gegenstand des Rituals ist für den Freimaurer die persönliche Auseinandersetzung mit den drei existenziellen Themen: Wer bin ich? Der einzelne in seiner Umwelt und der eigene Tod. Die freimaurerischen Rituale verwenden keine Stimulanzien wie Weihrauch oder Trance. Die Stimmung ist die einer luziden Harmonie, die Ritualsprache einfach und geprägt von der Bauhüttentradition, die eine der Hauptquellen des Freimaurertums darstellt. Letztlich ist das freimaurerische Ritual ein System der Verinnerlichung, der inneren Erneuerung, der Gedankenklärung und der Bewußtseinserweiterung.

2. Der „Große Baumeister" aller Welten

Der „Große Baumeister" aller Welten bedeutet in der Freimaurerei eine Form der Bezeichnung des Schöpfers und Erhalters der Welt. James Anderson verwendet dafür den Ausdruck „great Architect of the Universe" gleich am Beginn seiner Geschichte der Maurerei (1723). Das Symbol des „Großen Baumeisters" aller Welten baut auf der Grundlage der ethischen Verantwortung des Freimaurers auf. Der Wert des Menschen wird in der Freimaurerei nicht nach seinem Bekenntnis zu einer Religionsgemeinschaft und zu einem Dogma beurteilt, sondern nach seiner intellektuellen Redlichkeit. Der „Große Baumeister" symbolisiert in seiner Wirksamkeit den ewigen Hintergrund und allumfassenden Rahmen, aus dem das Leben Sinn und menschliche Verantwortung erhält. Die Freimaurerei ist zwar keine Religion und will daher auch mit bestehenden Religionsgemeinschaften nicht konkurrieren, aber sie kommt ohne transzendenten Bezug nicht aus. Sie, die von ihren Mitgliedern ethisches Handeln fordert, ist eine Gemeinschaft, die die Anbindung an ein Ideal benötigt, das über den Menschen und seine Existenz hinausweist.

In der freimaurerischen Tradition nimmt der „Große Baumeister" aller Welten eine Schlüsselstellung für diese Rückbindung an die Transzendenz ein. In der Verfassung der Großloge A.F.u.A.M. von Deutschland heißt es daher: „Sie (die Freimaurer) sehen im Weltenbau, in allem Lebendigen und im sittlichen Bewußtsein des Menschen ein göttliches Wirken voll Weisheit, Stärke und Schönheit. Dieses alles verehren sie unter dem Sinnbild des Großen Baumeisters aller Welten." Im freimaurerischen Denken lebt der Mensch im Zustand der Unvollkommenheit. Er glaubt nicht an das Erfordernis der Endgültigkeit des Handelns. Für den Freimaurer ist der Zustand der Unvollkommenheit sehr eng verbunden mit dem Transzendenten, das eine regulative Funktion hat. Für ihn bedeutet das Transzendente keine Ontologie, denn das Endziel bleibt letztlich unerreichbar, wenngleich er diesem schrittweise näher zu kommen versucht, indem er an seiner eigenen Vervollkommnung arbeitet. Für den Freimaurer ist die Wahrheit demnach ein gedanklicher Richtpunkt, an dem er sich bei seiner initiatischen Selbstveredelung orientiert. Wenn der Freimaurer für sich in Anspruch nehmen würde, im Besitz der Wahrheit zu sein, dann würde er diese zum Inhalt einer Offenbarung machen und damit der Freimaurerei die Bedeutung einer Religion geben. Die Interpretation des „Großen Baumeisters" aller Welten als regulatives Prinzip ist daher von essenzieller Bedeutung für das freimaurerische Transzendenz-Verständnis.

Einerseits bedeutet das Symbol des „Großen Baumeisters" aller Welten als regulatives Prinzip nicht a priori, daß es nicht mit der Gottesidee eines religiösen Bekenntnisses gleichgesetzt werden könnte. In diesem Fall wird dann der „Große Baumeister" aller Welten zum Bildnis, das der Maurer sich vom Göttlichen macht und das in jeder Religion ein anderes Gesicht trägt. Den „Großen Baumeister" aller Welten als regulatives Prinzip zu sehen, befriedigt andererseits das Verlangen nach dem Transzendenten und schützt vor der Gefahr, das „Höchste Wesen" in Form des Naturalismus zu einem Teil der Immanenz, der Erfahrungswelt werden zu lassen. Die Transzendenz als regulatives Ideal und damit als Fiktion zu betrachten, heißt daher nicht, ihr eine reale Existenz zuzuerkennen, dennoch bedeutet dies, die Voraussetzung für ein ethisches Verhalten zu schaffen. Die dem Freimaurer vertrauten Begriffe wie das „göttliche Wirken im Weltenbau voll Weisheit, Schönheit und Stärke" gelten nicht als unbestreitbare Wahrheiten, sondern sind als reine Denkgebilde aufzufassen, die für das Handeln des Freimaurerbruders brauchbar und notwendig sind. Diese Denkgebilde haben ihren Zweck darin, eine systematische Einheit in der Welt herzustellen, indem alle erfahrbaren Wirklichkeiten in ihrer Anordnung so gesehen werden, als ob sie aus einem „Höchsten Wesen" als Ursache entsprungen wären. Nach Analogie der in der Welt der Erscheinungen gedachten Kausalität wird hier ein Wesen angenommen, das der Urgrund aller weltlichen Erscheinungsformen ist, die gleichsam Anordnungen eines vollkommenen Vernunftwesens bilden, das in weiser Absicht diese mit Kraft und in Schönheit hervorbringt. Dadurch schafft sich der Freimaurer eine gewisse Weltordnung, indem er die Mannigfaltigkeit der Vorgänge zu einem von Weisheit geleiteten System verbindet. Die Annahme eines göttlichen Wirkens bildet auch die Voraussetzung für ethisches Handeln, denn jede sittlich gute Tat ist erst dann möglich, wenn sie als solche auch gewertet werden kann. Dies bedeutet, daß der handelnde Mensch nur dann sittlich erscheint, wenn es für ihn ein vernünftiges Prinzip der Weltenordnung gibt.

3. Freimaurerische Anthropologie

Die Freimaurerei hat eine ganz bestimmte (spezifische) Anthropologie, die die Grundwerte definiert, die den Bruder bei seiner Arbeit am „rauhen Stein" bestimmen und leiten. Diese Anthropologie ist eine partielle, keine vollständige, umfassende, weil sie jene Bereiche in den Vordergrund stellt, die mit der ethischen Vervollkommnung zu tun haben. Zum masonischen Menschenverständnis gehören Freiheit, Toleranz (und darüber hinaus das Verstehen der Mitmenschen durch ihr Anderssein), Brüderlichkeit und auch Transzendenz (im Sinne des „Großen Baumeisters"). Die Transzendenz hat eine doppelte Funktion: sie rechtfertigt moralische Wertmaßstäbe und verleiht dem menschlichen Dasein einen Sinn, und sie stellt das höchste Ziel dar, dem der Mensch bei der Verwirklichung seiner Ideale entgegengeht. Zur freimaurerischen Anthropologie gehört aber auch das „initiatische Geheimnis" bzw. das fundamentale initiatische Konzept. Dieses zeigt auf, wie der vollständige Gehalt der maurerischen Anthropologie durch Initiationsriten erworben werden kann. Die Selbstverwirklichung eines Menschen als Freimaurer erfolgt in Form einer permanenten dialektischen Auseinandersetzung zwischen den Prinzipien und dem Individuellen, gesteuert vom freimaurerischen Menschenbild und von der Verhaltensnorm des „Großen Baumeisters" aller Welten. Die hier aufgezeigten Grundpfeiler der Freimaurerei sollen verdeutlichen, daß sie kein vollständiges philosophisches System darstellt, sondern eine genau umschriebene praktische Philosophie des Menschen umfaßt, Verhaltensmuster, die der Natur des Menschen entsprechen.

Der wesentliche Kern des freimaurerischen Denkens liegt in der masonischen Anthropologie. Innerhalb ihrer liegt auch der Schwerpunkt auf der Initiation, auf den Ritualen, die die Freimaurerei verwendet, um den Menschen auf den Weg zur Selbstvervollkommnung zu führen. Dies geschieht über ein ethisches Konzept, das man „Ästhetik der Existenz" oder auch als „Einübungsethik" bezeichnen könnte. Hier ist die Freimaurerei als Lebenskunst angesprochen. In der Freimaurerei als Lebensform (Lebenskunst) geht es um Dasein, um das Erreichen des Lebens in seiner Präsenz. Das Wesen der Freimaurerei ist nicht durch eine wissenschaftliche Methode erfaßbar, sondern nur durch die Ästhetik der Existenz.

Ästhetische Werte sind Formung, Gestaltung und Transformation. Ästhetik der Existenz ist ein Wille zur Form, um aus sich selbst und seinem Leben ein Kunstwerk zu machen, um die Wendung vom esoterischen Subjekt zum exoterischen Selbst zu vollziehen. Ästhetik der Existenz bedeutet sich selbst erfinden und erarbeiten, wobei sich Lebenskunst nicht über die Befolgung von Normen, sondern über die Haltung des Individuums konstituiert. Lebenskunst heißt Ausarbeitung des eigenen Lebens in Form eines persönlichen Kunstwerks. Lebenskunst ist kein Selbstkult, keine Selbstversessenheit, sondern Selbstkultur, Erziehung seiner selbst, Selbstpraktik. Das eigene Leben zu formen und zu führen bedeutet Aneignung von Techniken: Einübung, Ausübung (Stil), Selbstformung, Kunstfertigkeit und Geschicklichkeit. Bei der Lebenskunst geht es um die Erarbeitung eines individuellen Entwurfs, der den Menschen zur Führung seiner selbst und zur Gestaltung des eigenen Lebens befähigt. Insofern ist die Freimaurerei als Lebenskunst ein Formungsversuch, ein Selbstgestaltungsversuch und keine wissenschaftliche Methode.

Die Freimaurerei versteht sich als ethische Gemeinschaft. Der ethische Grundkonsens besteht in der Entwicklung einer ethischen Lebenshaltung, in der Herausbildung einer „Ästhetik der Existenz". Sie ist eine „Einübungsethik", die ohne Vorschriften und Gebote auskommt und bestimmte Vorstellungen von vorbildlichen und bewährten Verhaltensweisen durch Einübung vermittelt. Dieser Aspekt kommt besonders in den freimaurerischen Ritualen stark zum Ausdruck.

Das masonische Denken weist neben dem Rituellen auch eine besonders stark ausgeprägte rationale Systematik auf. Den Sinn der Freimaurerei kann man aber nicht allein mit zweckrationalen Mitteln (Erklärungen) erfassen. Die Freimaurerei ist kein philosophisches System, sondern ein humanes Verhaltensmuster für eine menschliche Gesellschaft. Das masonische Menschenbild nimmt im europäischen Denken eine Sonderstellung ein, weil es verbindend, integrierend und ausgleichend angelegt ist und nicht ausgrenzt. Die Freimaurerei besitzt eine philosophische Anthropologie, die die Verfolgung einer ethischen Zielsetzung verlangt, die sich in initiatischer Weise am „Großen Baumeister" orientiert.

4. Freimaurerische Humanität

Mit dem freimaurerischen Menschenbild hängt auch sehr eng die Idee der Humanität zusammen. Die Freimaurer bauen, wie aus ihrer Ritualistik hervorgeht, am Bau des Tempels der allgemeinen Menschenliebe. Diese ist kein theoretisches Lehrgebäude und keine festgelegte Morallehre, der sich der Freimaurer anpassen sollte. Humanität erlebt der Freimaurer in der Loge und im profanen Leben, in dem er sich als Mensch unter Menschen zu begreifen versteht und von dem an sich selbst gewonnenen Menschen auf die gesamte Menschheit schließt. Humanität, Menschlichkeit, Mitgefühl und Mitleid sind daher für den Freimaurer nicht bloße Werte oder gar leere Worte, die während der rituellen Arbeit formelhaft nachgesprochen werden, sondern vor allem konkrete Praxis. Humanität ist demnach eine veredelnde menschliche Praxis. Die menschlichen Qualitäten erfährt und erlebt er dadurch, daß er sich in symbolisch-rituellen Handlungen die erwähnten Qualitäten versinnbildlicht.

Der Mensch als leidendes, liebendes und endliches Wesen ist auch vernunftbegabt – eine wichtige Erkenntnis für die freimaurerische Humanität. Der Freimaurer erfährt in szenischen Darstellungen, was es bedeutet, ein Individuum zu sein, andere Menschen um sich zu erleben und ihnen ebenbürtig zu begegnen. Er erfährt schließlich auch, was es bedeutet, daß er sterblich ist. Die Humanität beginnt beim Freimaurer mit der Erkenntnis seiner eigenen Leidenschaften, Wünsche und Sinnfragen. In seinen rituellen Arbeiten manifestieren sich diese Qualitäten des Menschseins, die er als handelnder Bruder erlebt. Weil die Freimaurerei vor allem Praxis ist, kann von ihr nicht verlangt werden, daß sie auch einem Nicht-Eingeweihten vollständig mitteilbar wäre, weil dieser mit ihren rituellen Praktiken nicht vertraut ist. In den szenischen Handlungen des Rituals wird dem Freimaurer die Antwort auf die Frage „Was ist der Mensch?" in der Form mitgeteilt, daß ihm nicht ein theoretisches Wissen vermittelt wird, sondern daß er die Antwort durch gelebte Praxis erfährt. Die Humanität gründet keineswegs im Wissen und in der vermeintlichen Kenntnis von einer besseren Welt, sondern sie resultiert aus dem ungeschönten Blick auf die unverdeckten Tatsachen des Daseins der Menschen. Die inhumanen Daseinsbedingungen der Menschen bilden daher keine unabänderliche Konstante, sondern können verbessert werden. Die freimaurerische Humanität ist stärker bestimmt von der Vorstellung der Perfektibilität des Menschen als von einer genauen Kenntnis des „Guten". Im Symbol der freimaurerischen Weltbruderkette steht die Menschheit als Ganze im Mittelpunkt, ohne einer bestimmten Eigenschaft des Menschen den Vorzug zu geben.

Auf die Frage nach dem Wesen des Menschen und der Menschlichkeit reagiert die Freimaurerei weder durch eine neue Theorie noch dadurch, daß sie einer besonderen Humanitätslehre verpflichtet wäre. Die Erziehung zum Menschen und zur Humanität geschieht im freimaurerischen Selbstverständnis nicht durch das Bekenntnis zur einer bestimmten Morallehre, sondern durch die persönliche Erfahrung mit Menschlichem. Auf diese Weise soll Humanität nicht eine bloße Idee bleiben, sondern von der Praxis geprägt sein. Durch die Erfahrung selbst soll gelehrt werden, wie der wirkliche Mensch ist und wie er sich vervollkommnen kann. Der Weg zur Humanität ist ein vielgestaltiger Wandlungsprozeß, der dem Freimaurer bei seiner rituellen Arbeit in Symbolen vor Augen geführt wird. Dabei kann sich die Freimaurerei auf wichtige ideengeschichtliche Traditionen berufen. Humanität als veredelnde menschliche Praxis stellt den Freimaurer in eine unmittelbare Beziehung zu seiner Arbeit. Die Freimaurerei entwickelt den Begriff der Humanität von einer abstrakten Forderung weiter zu einem konkreten Programm, das sich als Resultat der Arbeit von Menschen an Menschen und vom Menschen an der Natur herausgebildet hat. Die Erfüllung dieser Forderung ist im freimaurerischen Sinne eine unabschließbare Aufgabe. Der Tempel der Humanität erscheint gleichsam als Laboratorium, indem der Mensch durch Arbeit die Kräfte der Natur im Humanen zur Wirkung bringen möchte.

5. Freimaurerische Ethik

Die alten Weltreligionen und Glaubensbekenntnisse sind stark dogmatisch und erscheinen zum Teil unversöhnlich, obwohl sie ähnliche ethische Wertvorstellungen haben. Die Freimaurerei vertritt die Ansicht, daß es keine Ethik getrennt von religiösen Vorstellungen geben kann. Eine solche allgemeingültige Bindung, symbolisch verkörpert im „Großen Baumeister" aller Welten, bildet die Basis der mitmenschlichen Ethik. Diese ist gleichsam eine undogmatische, intuitive und individuelle Ahnung eines Transzendenten, die nur in Symbolen ausdrückbar ist. Diese Einstellung, unabhängig von jedem individuellen Glaubensbekenntnis, sichert der Freimaurerei ein Zusammenleben ohne Störung durch trennende weltanschauliche und religiöse Diskussionen. Kabbalistische Religiosität ist schon sehr früh von der Freimaurerei aufgenommen worden und hat dort eine lange Tradition. Sie bildete nicht nur das Vorbild für die Deutung freimaurerischer Symbole, sondern war und ist auch Ausgleich und Ergänzung zum aufklärerischen Vernunftglauben.

Die universelle Ethik der Freimaurerei baut auf Werten auf, die nicht von religiösen Vorstellungen losgelöst sind. Die Freimaurerei besitzt ein Menschenbild, das die Verfolgung einer ethischen Zielsetzung verlangt, die sich letztlich in initiatischer Weise am Transzendenten orientiert. Die Freimaurerei bietet eine ganz bestimmte praktische Philosophie bezüglich des Menschen, seiner Natur und Bestimmung. Bei der Darlegung ihres Menschenbildes beschränkt sie sich vor allem auf jene Aspekte, die in Beziehung zur ethischen Vervollkommnung des Menschen stehen. Die freimaurerische Antropologie beschränkt sich daher auf die ethische Perfektionierung des Menschen. Sie wird ergänzt durch die Idee des Transzendenten, des „Großen Baumeisters" aller Welten, um die gemeinsamen Wertvorstellungen zu garantieren, die der ethischen Vervollkommnung des Freimaurers zu Grunde liegen. Die freimaurerische Ethik, die sich im Ritual besonders als „Einübungsethik" manifestiert, ist keine Erfolgs- oder Gesinnungsethik, sondern eine Verantwortungsethik auch im Hinblick auf die Verwirklichung freimaurerischer Werte in der Gesellschaft. Dies bedeutet konkret Verantwortung für die Mitwelt, für die Umwelt und die Nachwelt sowie die Aufforderung, in globalen Zusammenhängen zu denken und sozial-humanitär zu handeln. Dabei ist zu bedenken, daß der Freimaurer, wenn er ethisch handelt, nicht unökonomisch denkt. Seine Verantwortungsethik ist eine krisenprophylaktische.

Zur freimaurerischen Ethik gehört aber auch das Prostulat der gegenseitigen Hilfeverpflichtung unter Brüdern. Die Idealnorm fordert uneigennützige Hilfeleistung an Brüder, die in Not geraten sind. Abgelehnt wird die „Geschäftsmaurerei", das heißt die Nutzung des Freimaurerbundes für wirtschaftliche, gesellschaftliche oder gar politische Transaktionen. Die Normen gegen die „Geschäftsmaurerei" und das Selbstverständnis der Freimaurer als „Männer von gutem Ruf" hält viele Freimaurer davon ab, bei gegenseitiger Hilfe normative Grenzen zu überschreiten. Dazu kommt noch, daß die Freimaurerei selbst organisatorische Mechanismen besitzt, Normenbrecher aus ihren Reihen auszuscheiden. Auch das Aufnahmeverfahren sorgt für eine Selektion, die Vorteilssuchern mit zweifelhafter persönlicher Ethik wenig Chancen einräumt. Wo die Ethik der Freimaurerei mit den legistischen Normen einer modernen demokratischen Gesellschaft stark in Berührung kommt, weist sie sehr enge Nähe zu den Normen dieser Gesellschaft auf, insbesondere zu den Normen der Bildungsschichten und der Funktions-Eliten. Die Freimaurerei hat dabei zweifelsohne eine Vorreiter-Rolle, weil sie in ihrem zentralen ethischen Postulat, der Toleranz, von Anfang an Werte einer offenen pluralistisch-demokratischen Gesellschaft und des humanitären Individualismus vertritt. Damit begibt sich die Freimaurerei in eine Konfliktstellung zu den Vertretern einer „geschlossenen Gesellschaft" mit absolutem Wahrheitsanspruch. Ein starkes Hindernis für eine eigene Ideologisierung der Freimaurerei in einer offenen Gesellschaft liegt vor allem im traditionellen Ritual. Seine liturgisch-symbolischen

Elemente sind geprägt von Esoterik und Aufklärung, und die Gruppen-Ethik der Freimaurerei verteidigt diese Liturgie gegen alle Neuerungsversuche. Ohne diese Spielregeln einer unzeitgemäßen „Geschlossenheit" und „Absonderung" von der sozialen Realität wäre die Freimaurerei heute nur eine Organisation unter anderen und zwischen den Parteiungen zersplittert. Die Ethik der Freimaurerei nähert sich in ihren Ideal-Normen sehr stark den großen Tendenzen der westlichen Demokratien. Die Freimaurer sehen sich im Ritual als einzelne Glieder einer „Weltenkette" und wenden allen Menschen, auch den sozial Schwachen, ihre „allgemeine Menschenliebe" zu.

6. Der Toleranzgedanke

Die Freimaurerei war entscheidend an der Verbreitung des Toleranzbegriffes beteiligt. Schon in ihren „Alten Pflichten" 1723 heißt es: „Während die Maurer früher in jedem Land verpflichtet waren, sich zu der Religion zu bekennen, die in diesem Land oder dieser Nation verbindlich war, gleich was es war, wird es heute für angemessener gehalten, sie nur zu der Religion zu verpflichten, in der alle Menschen übereinstimmen und ihre besonderen Meinungen ihnen selbst zu überlassen; das heißt, sie sollen gute und wahre Menschen sein, Menschen von Ehre und Aufrichtigkeit, durch welche Konfessionen oder Überzeugungen sie sich auch unterscheiden mögen; wodurch Maurerei das Zentrum von Einigkeit wird und das Mittel, wahre Freundschaft zwischen Menschen zu schaffen, die sonst in dauernder Trennung hätten bleiben müssen" (Konstitutionen, 1723, Erste Pflicht).

Schon in der Aufstiegsphase der Maurerei und in ihrer historischen Ausbreitung war der Toleranzgedanke zum politischen Leitbild geworden. Kulminationspunkte waren die amerikanische und französische Erklärung der Menschenrechte, an denen Freimaurer beteiligt waren. Hier taten sich besonders die Brüder der Loge von Aix hervor. In zahlreichen Logenarbeiten des 18. Jahrhunderts wurde in Baustücken die

Gleichberechtigung aller Menschen, die brüderlich verbunden sind, gefordert. Es ist daher nicht verwunderlich, daß heute das Toleranzprinzip, das im freimaurerischen Sinne bedeutend mehr umfaßt als nur das lateinische Verbum „tolerare" (dulden, ertragen), nämlich die Respektierung des Andersdenkenden durch besseres Verstehen, in vielen freimaurerischen Ritualen angesprochen wird, am deutlichsten im Grand Orient de France. Danach ist das Ziel der Freimaurerei die absolute Gewissensfreiheit. Zu ihren wesentlichsten Aufgaben zählt, in ihren Mitgliedern den Respekt vor den Überzeugungen des Anderen zu wecken. Diese Toleranz der Respektierung der Weltanschauung und Religion des Anderen ist auch heute noch Grundlage der Freimaurerei, die allerdings im Verlaufe des 19. und 20. Jahrhunderts sich manchmal von der Idealvorstellung entfernt hat. Hier sei z.B. an den Streit um die Zulassung von Juden bis hin zur Anbiederung einiger Deutscher Großlogen an den Nationalsozialismus erinnert. Sicher war es auch Ausdruck der Toleranzidee, daß es nach dem Zweiten Weltkrieg gelungen ist, diese problematischen Entwicklungen der Vergangenheit kritisch aufzuarbeiten. Wenn es heute immer noch Unstimmigkeiten in Fragen der Regularität und Irregularität in der Freimaurerei und zwischen unterschiedlichen Systemen gibt, so sind diese vor allem organisatorischer Natur und ein Toleranzstreit, der die Basis kaum berührt.

Das Toleranzprinzip ist im freimaurerischen Ritual eine entscheidende Grundlage: die Rituale des ersten und zweiten Grades in der Johannisfreimaurerei verdeutlichen das Polaritätsprinzip, das sich in verschiedenen Gegensatzpaaren in der Symbolik manifestiert. Dies bedeutet für den einzelnen Freimaurer, daß er sich durch die Wirkungen des Rituals zu einem Menschen entwickeln soll, der im Anderssein des Anderen nicht etwas gegen ihn Gerichtetes sieht, sondern versteht, daß in der Vielfalt der Erscheinungen und Ideen der Reichtum des Lebens begründet ist. Toleranz bildet demnach auch die Grundlage für Freiheit und Gleichheit.

7. Freimaurerei, Hermetik und Esoterik

In der Freimaurerei gibt es traditioneller Weise auch ein hermetisches System (Rite hermétique), das sich nicht nur in Frankreich im 18. Jahrhundert zur Alchemie bekannte. Der Rite hermétique, benannt nach Hermes Trismegistos, wurde von Pernety in Avignon 1770 errichtet. Später wird der Arzt Boileau als Großmeister dieses Ritus genannt. Seine oberste Behörde nahm den Namen „Grande Loge Écossaise du comtat Venaissin" an. Später hat sich dieses System zum „rite écossais philosophique" umgebildet. Auch in den neueren Systemen Misraim und Memphis spielt die Hermetik eine bedeutende Rolle.

Die Wiedergeburt der Hermetik vollzog sich zur Zeit der Renaissance in Europa. Es sind vor allem kleine Kreise und herausragende Persönlichkeiten, die ein geheimes Wissen hegten und an Berufene weitergaben. So bildeten sich in der frühen Neuzeit verschiedene Sodalitäten, Konventikel und Gesellschaften von Gelehrten heraus, die diesem Wissen nachgingen. Abseits der Universitäten entstanden auch Akademien, wie z. B. die neuplatonische in Florenz.

Nach dem Fall Konstantinopels verstärkte sich diese Bewegung, weil nun griechischsprechende Gelehrte in den Westen kamen und ihre Bücherschätze mitbrachten. Es war das Ziel dieser Sozietäten, zu einer umfassenderen und vertieften Erkenntnis zu gelangen. Um 1460 kam man durch einen ostkirchlichen Mönch in den Besitz eines Manuskripts mit Schriften aus dem antiken „Corpus Hermeticum". Diese Aufzeichnung genoß große Wertschätzung, so daß Ficino seine Platon-Übertragungen unterbrach, um die Schriften des Hermes Trismegistos genauer zu studieren. Dieses Interesse wurde durch die Vertiefung in die kabbalistische Mystik noch verstärkt. Durch weitere Übersetzungen und Drucke fand das „Corpus Hermeticum" in ganz Europa Verbreitung. So kam es frühzeitig zu einer Vernetzung der hermetisch-neuplatonischen Ideen mit alchemistischen sowie mit allgemeinen philosophischen und theologischen Ideen. Es ist schließlich kein Zufall, daß später diese Gedanken auch Eingang in die Rosenkreuzer-Bewegung und in die Freimaurerei fanden. Für England ist hier stellvertretend für andere vor allem der hermetische Denker Robert Fludd zu nennen, der der rosenkreuzerischen „Fama" in seinem Umkreis vorgearbeitet hat. Auch Kaiser Rudolph II., der in Prag residierte, versammelte Gelehrte, darunter auch Hermetiker, um sich und machte die Königsstadt zu einem Zentrum der Esoterik. Besonders stark bildete sich die Hermetik bei den Rosenkreuzern aus, die die Alchemie dann in die Freimaurerei brachten, wo sie auch noch im 18. Jahrhundert zur Zeit der Aufklärung einen bedeutsamen masonischen Entwicklungsstrang darstellte.

Der Begriff Hermetik wird häufig synonym für Alchemie verwendet und bezeichnet im weiteren Sinne die Geheimgesellschaften. Die wichtigsten Texte des hermetischen Schriftencorpus setzten sich aus Gedanken der griechischen Philosophie, insbesondere des Platonismus, Neuplatonismus und Stoizismus, zusammen, wobei auch Elemente der persisch-babylonischen Religion und des Judentums hinzukamen und damit ein typisches Produkt der Gnosis darstellten. Da sich die Texte mit der Beziehung des Menschen zur Natur bzw. Schöpfung und deren Wandlungen beschäftigten, wurden sie zu einer wichtigen Grundlage für das Nachdenken über die Natur schon während des Mittelalters und dann insbesondere in der Renaissance. Im Zentrum der Theorien über Alchemie stehen die sieben hermetischen Prinzipien, die als Grundlage der hermetischen Philosophie angesehen werden. Sie spielten und spielen auch heute noch eine bedeutende Rolle in der abendländisch orientierten Esoterik. Hinter diesen hermetischen Prinzipien stand eine Kosmologie, die einen großen Einfluß auf Kunst und Wissenschaft in Europa ausübte. Die sieben Prinzipien umfassen:

1. Die Geistigkeit („Das All ist Geist, das Universum ist geistig").
2. Die Entsprechung („Wie oben, so unten; wie unten, so oben").

3. Die Schwingung („Nichts ist in Ruhe, alles bewegt sich, alles ist in Schwingung").
4. Die Polarität („Alles ist zwiefach, alles hat zwei Pole, alles hat sein Paar von Gegensetzlichkeiten; gleich und ungleich ist dasselbe").
5. Der Rhythmus („Alles fließt aus und ein, alles hat seine Gezeiten. Alle Dinge steigen und fallen, das Schwingen des Pendels zeigt sich in allem").
6. Ursache und Wirkung („Jede Ursache hat ihre Wirkung; jede Wirkung ihre Ursache; alles geschieht gesetzmäßig").
7. Das Geschlecht („Geschlecht ist in allem, alles hat männliche und weibliche Prinzipien, Geschlecht offenbart sich auf allen Ebenen") (zit. nach Helmut Gebelein, Alchemie, S. 41 ff.).

Das Ziel der alchemistischen Arbeit, die auch in der hermetischen Tradition der Freimaurerei starke Anwendung fand, war die Herstellung des Steins der Weisen oder des Steins der Philosophen, der die Eigenschaft besitzen sollte, unedle Metalle in das perfekte Metall des Goldes verwandeln zu können. Dieser Vorgang wurde symbolisch in der Freimaurerei auch auf den zentralen Grundgedanken der Vervollkommnung des Bruders, der Arbeit am „rauhen Stein" übertragen.

In der Freimaurerei spielte neben der Aufklärung, die einen stärker rationalistischen und exoterischen Entwicklungsstrang mitgeprägt hat, auch die Esoterik bis heute eine wichtige Rolle. Das Wort kommt aus dem Griechischen und bedeutet sinngemäß „nach innen gerichtet", während der Begriff exoterisch „nach außen gerichtet" meint. Mit Esoterik faßt man Riten und Gebräuche von „Insidern" oder „Eingeweihten" zusammen, die Außenstehenden unbekannt sind. In der Freimaurerei versteht man unter Esoterik vor allem die Suche nach verborgener Erkenntnis. Wie bereits erwähnt, gewinnt die esoterische Tradition der Renaissance als Hermetismus eine besondere Bedeutung. Die esoterischen Gruppen sind zwar heute stark zersplittert, trotzdem ist ihnen die Bemühung gemeinsam, dem Materiebegriff der Aufklärung durch die exakten Naturwissenschaften Begriff und Wirklichkeit von Geist entgegenzusetzen. An die Stelle von mechanischem und dialektischem Materialismus soll der magische oder objektive Idealismus der Initiierten treten. Die Esoterik im freimaurerischen Sinne ist keine Philosophie, sondern stärker als Praxis zu verstehen, die aber philosophische Thesen, wie sie hier kurz erwähnt wurden, voraussetzt. Sie versteht sich seit Jahrhunderten als praktisches Geheimwissen.

8. Freimaurerei und Aufklärung

Aufklärung im freimaurerischen Sinne versteht sich als nie abschließbare Aufgabe und als Denkprinzip. Diese „reflexive" Aufklärung ist Selbstwerden durch freies Denken, aber auch Sachaufklärung im Sinne von Wegräumen geistiger und realer Hindernisse der Selbstaufklärung. Aufklärung richtet sich als Selbstdenken gegen angemaßte Autorität und Vorurteile, als Richtdenken gegen Irrtümer, Irrationalismus und Aberglauben, gegen Verabsolutierungen und Ideologien, gegen Dogmen und absolute Wahrheiten. In den freimaurerischen Bemühungen, ausgehend von der historischen Aufklärung des 18. Jahrhunderts spätere Aufklärungsprozesse zu reflektieren und zu einem differenzierten Verständnis von neuer Aufklärung im Diskurs mit der postmodernen Kritik am neuzeitlichen Rationalismus zu gelangen, ist aus masonischer Perspektive der neuzeitlichen Erkenntnistheorie ein Denkansatz entgegenzustellen, der neben der Aufklärung und Rationalität auch die Urteilskraft der Gefühle entsprechend berücksichtigt.

Die bleibende Aktualität der Aufklärung resultiert aus dem permanenten Aufklärungsbedarf und Aufklärungsbedürfnis. Sie ist der Versuch, die immer neu wuchernde Pseudowahrheit zu überwinden und ideologiekritisch zu arbeiten. Aufklärung als ein Denkmodell der Freimaurerei darf allerdings Aufklärung über sich selbst nicht vernachlässigen, weil sie sonst zur Pseudoaufklärung oder Ideologie degeneriert und sich damit selbst zerstört. Dieser starke Flügel der Freimaurerei, der manchmal durch Mißverständnisse und ein zu undifferenziertes Bild der Aufklärung gegen die esoterische und hermetische

Tradition opponiert, bemüht sich, die Aufklärung als freimaurerisches Denkmodell weiterzuentwickeln – im Sinne einer kritischen reflexiven Aufklärung oder Aufklärung über Aufklärung.

Immer mehr Menschen unserer Zeit stellen heute die Lebensformen der modernen Kultur, den Staat, die Wirtschaft und die Wissenschaft, wie sie sich in Europa seit der Aufklärung herausgebildet haben, radikal in Frage. So werden gerade in den Kernländern der europäischen Kultur geistige Strömungen stärker, die den Rechts- und Verfassungsstaat der Neuzeit, die auf Privateigentum gegründete Marktwirtschaft und die moderne Wissenschaft mit ihren rationalen Problemlösungen überwinden wollen. Ein postmodernes Zeitalter soll dem menschlichen Glücksverlangen besser entsprechen als die europäische Moderne mit ihrem Hang zur Rationalität. Für nicht wenige kritische Menschen unserer Zeit ist das Produkt aus neuzeitlichem Aufklärungsoptimismus, wissenschaftlich-technischem Fortschritt und Machbarkeitsüberzeugung in eine Art „Endzeit" geraten. Unter dem Begriff „Postmoderne" gruppiert sich eine kulturelle Avantgarde, bei der für den Ausgang des 20. Jahrhunderts das „Bewußtsein der Nachträglichkeit" gegenüber den Grundproblemen der späten Neuzeit hervorgehoben wird. Die Vertreter der Postmoderne konzentrieren ihre Kritik besonders auf das Erbe der Moderne, wozu sie nahezu alle Errungenschaften der Neuzeit und des neuzeitlichen Rationalismus von der Aufklärung bis zur modernen Industriegesellschaft verstehen.

Trotz dieser z.T. berechtigten Angriffe gegen den neuzeitlichen Rationalismus und die Aufklärung kann jedoch das unvollendete Projekt der Moderne (Jürgen Habermas) sinnvoll weitergeführt werden. Dazu ist es notwendig, sich der fundamentalen Bedeutung der historischen Aufklärung zuzuwenden und ihre Grundlagen zu betonen.

Das 18. Jahrhundert wird heute als das „Zeitalter der Aufklärung" bezeichnet. Diese Kennzeichnung geht auf das Selbstverständnis einer geistigen und gesellschaftlichen Reformbewegung zurück, die sich selber als Aufklärung beschrieben hat. Etwa seit der Mitte des 18. Jahrhunderts spricht man aufgrund des Erfolgs der Aufklärung von „aufgeklärten Zeiten". Kant hat dann deutlicher zwischen einem „aufgeklärten Zeitalter" und einem „Zeitalter der Aufklärung" differenziert.

Im 18. Jahrhundert gab es eine Reihe signifikanter Reformbestrebungen, genauer gesagt, zahlreiche Menschen, die sich selbst als Reformer verstanden, weil sie Neuerungen und Veränderungen anstrebten und sich zugleich als Aufklärer begriffen, weil sie praktische Veränderungen durch geistigen Wandel erreichen wollten. Vor allem verstand sich Aufklärung zunächst als eine bewußte, reflektierte, ja sogar programmatische Aktion zur „Verbesserung des Verstandes" oder zur Beförderung der Vernunft auf allen Gebieten. Zu diesem Zwekke sollten Vorurteile und Aberglauben, Schwärmerei und Fanatismus bekämpft, also die herrschende Unvernunft nach Möglichkeit ausgerottet werden. Die Aufklärung lebte von der „Hoffnung auf Vernunft", ja sie war Wille zur Vernunft. Die Wirklichkeit ist nach ihrer Ansicht unvernünftig, und sie kann und soll vernünftig werden. Von einer Herrschaft der Vernunft erwartete man sich auch eine bessere Moral sowie Glück und Freiheit. Verstand und Tugend sollten die Welt regieren, damit glückliche und freie Menschen in ihr leben können. Dieser Wunsch war zwar nicht neu, aber die Form, in der er sich darstellte, und das Engagement, mit dem er auftrat, heben das Zeitalter der Aufklärung unverkennbar von anderen Epochen ab. Was allerdings aus masonischer Sicht heute dringend erforderlich erscheint, ist die Konzipierung einer „neuen", „reflexiven" Aufklärung, die die unverzichtbaren Grundlagen der historischen Aufklärung kritisch weiterentwickelt.

Angesichts globaler Bedrohungen und der Krise der modernen Industriegesellschaften scheint es notwendiger denn je, die Bemühungen im Sinne einer kritischen Aufklärung fortzusetzen und aus der Einsicht der unauflöslichen Verschränkung von Vernunft und Herrschaft, Macht und Subjektivität an der Realisierung einer vernünftigen Emanzipation weiterzuarbeiten, zumal es heute um die Sicherung dessen geht, was man mit dem „vernünftigen Gehalt der gesellschaftlichen kulturellen Moderne" bezeichnen könnte. Die Aufklärung hat aufgrund einseitiger Auslegungen, eines extrem egozentrischen Individualismus und durch die politischen Ideologien des 19. und beginnenden 20. Jahrhunderts das großartige Emanzipationsprojekt gehemmt und z.T. sogar pervertiert. Gewiß hat sie aber auch einen gewaltigen Erfolg erzielt, obwohl heute das „Humane" und der technische Fortschritt immer weiter auseinanderzulaufen scheinen. Damals wie heute geht es der Aufklärung darum, die Hemmnisse aus dem Weg zu räumen, die die Ausbreitung der kritischen Erkenntnis und Vernunft stören. Eine „neue", „reflexive" Aufklärung erkennt die Fehlentwicklungen und Grenzen dieses Projekts und kann daher korrigierend und weiterführend eingreifen.

Dritter Teil:
Konstitutionen, Organisationsstruktur und Richtungen

1. Die Alten Pflichten

Die Pflichten und Gesetze der alten Freimaurerbruderschaft in England waren ursprünglich so gut verwahrt, daß sie kaum bekannt geworden sind. Erst James Anderson hat in seinem Konstitutionenbuch 1723 das publiziert, was in den schriftlichen und mündlichen Überlieferungen der alten Freimaurer enthalten war. Seither ist ein großer Teil der Urkunden aufgefunden worden, die Anderson benutzt hat. Das Konstitutionenbuch von 1723, die „Alten Pflichten", lag und liegt auch heute der Freimaurerei zu Grunde. Das Konstitutionenbuch enthält die Pflichten eines Freimaurers, „ausgezogen aus den alten Archiven von Logen über dem Meer und denen in England, Schottland und Irland, zum Gebrauch der Logen in London, um gelesen zu werden bei der Aufnahme neuer Brüder oder wenn der Meister es befehlen wird."

Ihre Hauptpunkte umfassen:
1. Von Gott und der Religion.
2. Von der bürgerlichen Obrigkeit, der höchsten und der untergeordneten.
3. Von den Logen.
4. Von den Meistern, Aufsehern, Gesellen und Lehrlingen.
5. Von der Regierung der Zunft bei der Arbeit und
6. Von dem Betragen.

Zu diesen einzelnen Punkten werden genauere Bestimmungen und Erläuterungen gegeben, die für den einzelnen Freimaurer verpflichtend sind. Trotz ihrer historischen Bedingtheit bilden sie die Grundlage für den einzelnen Freimaurer und für die Freimaurerei im allgemeinen. Eine zweite Fassung der Alten Pflichten erschien 1738, die bereits deutlich eine Entwicklung erkennen läßt, die die ursprüngliche Gleichheit aller Brüder zurückdrängte. Dieser Pflichten- und Tugendkatalog versucht, ältere Traditionen mit Neuem zu verbinden. Schon bevor sich die erste Großloge 1717 bildete, gab es in England spekulative Freimaurerlogen, die sich im 17. Jahrhundert aus operativen Bauhütten gebildet hatten. Sie behielten zunächst noch ältere Handwerksordnungen bei. Die neue Großloge gab sich zunächst keine eigene Verfassung, da aber 1721 der damalige Großmeister, der Herzog von Montagu, und die Loge an den Kopien der alten gotischen Konstitutionen Kritik übten, wurde James Anderson beauftragt, sie neu und besser zu bearbeiten. Die Kapiteleinteilung der Alten Pflichten ist traditionell erfolgt und wies eine typische Dreiteilung auf: religiöse, allgemeine und handwerkliche Vorschriften.

Die Formulierung der ersten Pflicht ist aufklärerisch orientiert, weil sie Religion in einen innerweltlichen Tugendkatalog umdeutet, der seine Begründung nicht mehr in von Gott gesetzten Normen hat. Die wesentlichsten Bestandteile dieses Tugendkataloges stellen Güte, Redlichkeit, Ehre, Anstand und Freundschaft dar. In der zweiten Pflicht stehen als Tugenden Friedensliebe, Treue gegenüber dem Staat und die Freundschaft der Brüder untereinander im Mittelpunkt. Alle weiteren Pflichten bauen auf diesen Tugenden auf und erläutern sie unter den besonderen Perspektiven der inneren Logenorganisation und der handwerklichen Verpflichtungen. Diese Teile entsprechen den älteren operativen Handwerksordnungen.

Wie bereits kurz angedeutet, wurden in der zweiten Ausgabe von 1738, die gleichfalls von Anderson stammt, mehrere redaktionelle Veränderungen vorgenommen. Die Gründe dafür lagen darin, daß man dem Adel entgegenkommen wollte, die Organisation gestrafft wurde, die inzwischen erfolgte Einführung des Drei-Grad-Systems berücksichtigt werden mußte und die Einteilung übersichtlicher gestaltet wurde. Eine inhaltliche Veränderung findet sich in der Neuformulierung der ersten Pflicht, daß nämlich in der Vergangenheit nur Christen Maurer gewesen wären. Dies könnte man als ein Zugeständnis an Diskussionen über den früher christlichen Charakter der Freimaurerei interpretieren. Die „Alten Pflichten" sind auch für die heutige Freimaurerei von großer Bedeutung, weil ihre ethischen Vorstellungen auf sie zurückgeführt werden.

Aber auch für das Verhältnis der Freimaurerei zur Religion, zum Staat, zur Politik und zur Gesellschaft und für das praktische Logenleben bilden sie die wesentliche Grundlage.

2. Der Wandel des Pflichtenbegriffs

Der freimaurerische Pflichtenbegriff orientiert sich sehr stark an den „Alten Pflichten" von James Anderson aus dem Jahre 1723. Es wurde bereits darauf hingewiesen, daß die gleichfalls von Anderson verfaßte zweite Ausgabe 1738 mehrere redaktionelle Veränderungen aufwies. 1751 formierte sich eine weitere Großloge in England, jene der „Antients", weil bei der ersten Großloge einige Ritualänderungen vorgenommen worden sind. Weiter sollte damit verhindert werden, daß Nicht-Freimaurer Informationen aus den inzwischen verbreiteten Verräterschriften gewinnen könnten. Daß die Richtung der „Moderns" in den Augen der neuen Großloge zu wenig religiös und konservativ wäre, war sicher einer der Hauptgründe für die Bildung der neuen Großloge. Diese gab sich ein eigenes Konstitutionsbuch, das von Laurence Dermott verfaßt wurde und von der ersten Auflage 1756 bis zur neunten Auflage 1813 in wesentlichen Punkten gleichgeblieben ist. Der Text der „Alten Pflichten" entsprach der Fassung der Moderns von 1738, die diese seit 1756 wieder aufgegeben hatten. Die wichtigen Änderungen betrafen nicht in erster Linie den Text der „Alten Pflichten", sondern dessen offizielle Interpretation. So heißt es im Vorwort, daß der Maurer verpflichtet sei, „...fest an die wahre Anbetung des ewigen Gottes zu glauben, sowie an alle jene heiligen Aufzeichnungen, die die Würdenträger und Väter der Kirche zusammengestellt und veröffentlicht haben für den Gebrauch aller guten Menschen..." (London 1756, S. 14). Im Text folgt auch eine kurze Ansprache an einen neu aufgenommenen Freimaurer: „Es gibt drei Hauptpflichten, die Maurer sich immer einprägen sollten, nämlich gegenüber Gott, unserem Nachbarn, und uns selbst; gegenüber Gott, indem man nie seinen Namen ohne jene anbetende Ehrfurcht erwähnt, die ein Geschöpf gegenüber seinem Schöpfer zeigen soll, und ihn immer als summum bonum anzusehen, an dem zu erfreuen wir in die Welt kamen, und alle unsere Handlungen an dieser Ansicht auszurichten ..."

Mit diesen Erläuterungen kam über die Freimaurerei der „Antients" eine anglikanisch-hochkirchliche Note hinein. In den allgemeinen Statuten der Großen Loge von Heredon in London wurde die Frage der religiösen Bindung 1779 nur ganz nebenbei erwähnt: „Nur einzig und allein sollen Männer von Ehre, Stand und gutem Ruf zugelassen werden ... Betrüger, Lügner, Menschen, welche kein höchstes Wesen anerkennen, falsche Zeugen, niederträchtige Schwelger, überhaupt Jeder, der mit entehrenden Lastern befleckt ist, sollen unter die Zahl der Todten gerechnet werden" (F. L. Schröder, Ritualsammlung, Bd. 19, Rudolstadt ca. 1805, S. 52 f). Hier stehen allgemeine ethische Anforderungen an den Bruder im Vordergrund. Durch die Konkurrenz der „Antients" waren die „Moderns" unter Druck gekommen, die zwar in ihrer Verfassung liberal geblieben sind, in der Frage des Royal Arch aber Zugeständnisse machen mußten. 1813 verhandelten sie mit den „Antients" über die Vereinigung beider Großlogen, die nun „Die Vereinigte Großloge der Alten Freimaurer von England" hieß.

Das neue Konstitutionenbuch der Vereinigten Großloge trat 1819 in Kraft. Die erste Pflicht, die in diesem Konstitutionenbuch formuliert wurde, blieb bis heute unverändert: „Ein Maurer ist durch seine Berufspflicht gehalten, dem Sittengesetz zu gehorchen; und wenn er die Kunst recht versteht, wird er nie ein thörichter Gottesleugner oder ein ungläubiger Freigeist (resp. Wüstling) sein. Er sollte von allen Menschen am besten verstehen, dass Gott nicht sieht, wie der Mensch sieht; denn der Mensch schaut auf den äussern Schein, aber Gott schaut ins Herz. Ein Maurer ist deshalb besonders gebunden, niemals gegen die Vorschriften seines Gewissens zu handeln. Möge eines Menschen Religion oder Weise der Gottesverehrung sein, welche sie wolle, er wird nicht vom Orden ausgeschlossen, vorausgesetzt, dass er an den erhabnen Baumeister des Himmels und der Erde glaubt und die geheiligten Pflichten der Sittlichkeit übt. Maurer vereinigen sich mit den Tugendhaften jeder Überzeugung in dem festen und angenehmen Bande brüderlicher Liebe: sie werden gelehrt, die Verirrungen des Menschengeschlechts mitleidig zu betrachten und durch die Reinheit ihres eignen Verhaltens den höhern Vorzug des Glaubens, den sie bekennen mögen, zu beweisen zu streben. So ist die Maurerei der Einigungspunkt zwischen guten und zuverlässigen Männern (good men and true) und das glückliche Mittel, Freundschaft zu knüpfen zwischen denen, die sonst in beständiger Entfernung hätten bleiben müssen" (Allgemeines Handbuch der Freimaurerei, Bd. 2, Leipzig 1901, S. 154). In dieser Fassung haben die „Antients" das Prinzip eines persönlichen Gottes durchsetzen können. Da die „Moderns" ihre liberale Position nur in einem eingeschränkten Sinne wahrnehmen konnten, in dem sie die Verbindlichkeit der Schriften der Kirchenväter streichen konnten, blieb die englische Freimaurerei auch für Nichtchristen offen. Der Text stellt aber doch eine deutliche Abkehr von den Prinzipien dar, die 1723 festgeschrieben wurde. Blieb im äußeren Aufbau der Tugend- und Pflichtenkatalog formal unverändert, wie er 1723 aufgestellt wurden, so hatte sich nun die innere Begründung für die Notwendigkeit eines solchen Katalogs geändert.

In der Auseinandersetzung mit dem Grand Orient de France in der zweiten Hälfte des 19. Jahrhunderts entwickelte die Großloge von England Lehrsätze über die Freimaurerei, die im Jahre 1929 in den „Basic Principles" ihre internationale Wirkung fanden. Ab diesem Zeitpunkt kann nach englischer Auffassung nur Freimaurer werden, wer an Gott, seinen geoffenbarten Willen und an das Buch des heiligen Gesetzes als überirdische Offenbarung glaubt. Mit diesen Regelungen ist der naturrechtlich-aufklärerische Charakter der englischen Freimaurerei beseitigt worden. An seine Stelle trat ein Wertsystem, das von englischen Freimaurern selbst als „Dogma der Freimaurerei" bezeichnet wurde. In Deutschland gab es im 18. Jahrhundert eine ähnliche Zersplitterung wie in England. Dazu kamen noch die vielen inhaltlichen Variationen, die z.B.

im Königreich Preußen drei Großlogen entstehen ließen, die verschiedene Spielweisen der Freimaurerei zeigten.

Die ältesten Fassungen des englischen Konstitutionenbuches in Deutschland gehen in die erste Hälfte des 18. Jahrhunderts zurück. Mehr Erfolg hatte allerdings die englische Fassung von 1738, die als „neues" oder „verbessertes Constitutionen-Buch" einen buchhändlerischen Erfolg vermerken konnte. Bis 1784 kann man davon ausgehen, daß die Drucke des zweiten englischen Konstitutionenbuches jedem interessierten Bruder in Deutschland zugänglich waren und den äußeren Rahmen der freimaurerischen Gesetzgebung festlegten. Die Grundverfassung der Strikten Observanz war zumindest in ihrem Pflichtenkanon undogmatisch und ausgesprochen humanitär, so daß Friedrich Ludwig Schröder den fast identischen Text der Schottischen Loge in Hamburg (ohne Quellenangabe) mit geringen Veränderungen in sein Gesetzbuch für die Hamburger Provinzial Großloge übernahm. Nach dem Zerfall der Strikten Observanz erklärte die Große National-Mutterloge zu den drei Weltkugeln 1783 ihre Selbständigkeit. Die Großloge lehnte die Beschlüsse des Wilhelmsbader Freimaurer-Konvents ab und sprach sich für die drei alten englischen Grade aus. Zugleich rezipierte sie auch das christliche Prinzip und behielt die Hochgrade bei. Diese Beschränkung auf Christen als Mitglieder ging bei dieser Großloge auf ältere Wurzeln zurück. Aus der Trennung einer Loge von den drei Weltkugeln entstand dann die Große Mutterloge Royale York zur Freundschaft, die sich später in vier Einzellogen aufteilte. 1797 gab sie sich nach der Gründung einen Grundvertrag oder eine „Fundamental-Constitution", in der als Grundzweck der Maurerei erwähnt wurde: „Wohltätigkeit in ausgebreitetsten Sinne des Wortes erkennet die ... Mutterloge Royale York zur Freundschaft für den einzigen, ächten, reinen, erlaubten, Grundzweck der Freimaurerei..." (zit. nach Thomas Richert, Die Entwicklung des Pflichtenbegriffs, S. 235). Diese Aussagen stehen in der Tradition der Aufklärungsbewegung.

Aus diesen hier erwähnten Beispielen der Pflichtenänderungen geht hervor, daß sich die zentrale Auseinandersetzung mit der Religionsänderung befaßte. Auch politische Rücksichtnahmen gewannen immer stärker an Boden, so daß die Treue zum Thron manchmal mehr galt als die Treue der Brüder zueinander. Daß die konservative Einstellung im 19. Jahrhundert die Großlogen mit erfaßt hatte, wurde besonders deutlich am Einigungsversuch während der Gründerjahre. Im Vorfeld der 1872 erfolgten Bildung des Deutschen Großlogenbundes wurden 1870 allgemeine freimaurerische Grundsätze proklamiert, in denen es in Paragraph 1 heißt: „Die Freimaurerei bezweckt, in einer zumeist den Gebräuchen der zu Bauhütten vereinigten Werkmaurer entlehnten Form die sittliche Veredelung des Menschen und menschliche Glückseligkeit überhaupt zu befördern. Indem sie von ihren Mitgliedern den Glauben an Gott, als den obersten Baumeister der Welt, an eine höhere sittliche Weltordnung und an die Unsterblichkeit der Seele voraussetzt, verlangt sie von ihnen die Betätigung des höchsten Sittengesetzes": „Liebe Gott über alles und deinen Nächsten als Dich selbst!" (C. Wiebe, Die Große Loge von Hamburg und ihre Vorläufer, Hamburg 1905, Anlage XVI). Als die deutsche Freimaurerei 1945 mit dem Neuaufbau begann, wurden erneut die „Alten Pflichten" von 1723 die nun primäre Orientierungshilfe. Dies beweisen auch die Textausgaben 1946, 1947, 1966, 1976 und 1983. Mit der Präambel der freimaurerischen Ordnung der Großloge AFAM wurden sie zur Grundlage der freiheitlich-humanitären Tradition dieser Großloge erklärt. Werden die ethischen Anforderungen an die Brüder der humanitären deutschen Großlogen um 1800 mit der heutigen Situation verglichen, dann tritt allerdings ein Schrumpfungsprozeß auf einen Minimalkonsens hervor, der fast schon die Grenzen der Unverbindlichkeit erreicht hat.

3. Regularität und Irregularität

Die Regularität ist innerhalb der freimaurerischen Systeme ein zentraler Begriff. Das, was den freimaurerischen Vorschriften entspricht, ist durch die Ordnung näher beschrieben, die auf

die Konstitutionen und Rituale der Freimaurerei zurückgehen. Von Beginn an hatten die Bestimmungen zur freimaurerischen Regularität die wichtige Funktion, die Methode und das Brauchtum der alten Logen der operativen Maurerei auch für die spekulative Form zu bewahren. Wieder sind in diesem Zusammenhang die „Alten Pflichten" von 1723 zu erwähnen, die die Methode der freimaurerischen Arbeit festlegen. In ihrem Lehrlings-Katechismus wird das System dieser Arbeit beschrieben: „Die Freimaurerei ist ein eigenartiges System von Moralität, verhüllt in Allegorien und erläutert durch Symbole." Aufgaben und Methode der modernen Freimaurerei sind dieser Erklärung deutlich zu entnehmen. Die Aufgaben beziehen sich auf die geistige Zielsetzung, die Moralität zu fördern, und die Methode, um dieses Ziel zu erreichen, ist eine rituelle, symbolische Handlung. Beide Ordnungen, die geistige und die methodische, leiten sich aus dem Brauchtum der alten Werklogen und Bauhütten ab. Ihre wichtigsten Grundlagen bildeten ihre Konstitutions-Manuskripte sowie die Katechismus-Manuskripte und enthielten vier wesentliche Teile der früheren Bauhüttenordnung:
1. eine Aufzählung der Verpflichtungen gegenüber Gott,
2. eine quasi-historische Schilderung oder Legende der Entstehung,
3. eine Zusammenstellung der Verpflichtungen des Meisters und der Handwerksgenossen,
4. ein kurzes Schlußgebet.

Eine weitere wichtige Grundlage der Bauhütten war das sogenannte „Maurerwort", das zum Zwecke des gegenseitigen Erkennens den Handwerksgenossen mitgeteilt wurde. Die allgemeine Forderung nach einer bestimmten Moral, nach der Erfüllung eines allgemeinen Sittengesetzes, ist in diesem Zusammenhang im rituellen Rahmen der Pflichten die Suche nach dem großen Bauplan Gottes in der Lebenswirklichkeit. In dieser Form des Brauchtums kam es zur einer moralischen Vertiefung des Pflichtenkataloges aus ethischem Bewußtsein, und daraus entstand dann ein erstes Ritual, das schließlich mit der Gründung der ersten Großloge und mit den „Alten Pflichten" von 1723 zur Herausbildung der modernen Freimaurerei führte. Die erste Anordnung zur Beachtung der „Alten Landmarken" findet sich bereits im 39. Artikel der „Alten Pflichten". Mit dieser Bestimmung sollte sichergestellt werden, daß jede Gründung einer Loge das Patent der regulären Großloge benötigt. Dahinter verbirgt sich die Absicht, den Zweck des Freimaurerbundes und die Form seiner Arbeit gegen systemwidrige Veränderungen zu schützen und die Logenarbeit ideologie- und dogmenfrei gestalten zu können.

Mit der Ausbreitung der Freimaurerei in anderen Ländern waren strukturelle Veränderungen verbunden, so daß es zur Aufspaltung des ursprünglichen Lehrsystems kam und seine ursprüngliche Methode verformt wurde. Vor diesem Hintergrund muß das ständige Bemühen verstanden werden, Anordnungen zur Regularität zu entwickeln. 1920 hat die englische Großloge für ihre Obedienz die Ziele und Beziehungen der Freimaurerei in einer Schrift herausgegeben, die vornehmlich der inneren Ordnung galt. Für die Ordnung nach außen wurden 1929 Texte unter dem Titel „Basic Principles" herausgegeben, die noch im gleichen Jahr als Grundsätze angenommen wurden und die Regeln enthielten, die als Voraussetzung für die Prüfung der Regularität einer Loge Geltung hatten, wenn sie von der englischen Großloge anerkannt werden wollten. Die 1939 und 1949 veränderten Fassungen der „Aims and Relationships of the craft" und der „Basic Principles" stehen seit dieser Zeit am Anfang der „United Grand Lodge of England Constitutions". Die letzte Fassung der „Basic Principles" wurde 1989 veröffentlicht. Sie ist derzeit für jede Großloge von Bedeutung, die als regulär im Sinne der „Basic Principles" gelten will und von der Großloge von England anerkannt werden möchte. Diese Feststellung der Regularität einer Großloge hat jedoch ihre Anerkennung durch andere Großlogen nicht unbedingt zur Folge, weil es für sie keine reguläre Ordnung gibt. Zum Schutze der Regularität gelten zur Zeit acht Thesen, wie sie in den „Basic Principles" von 1989 festgelegt wurden:

1. Das Prinzip der rechtmäßigen Einsetzung soll die Herkunft sichern und ist formal.
2. Die Souveränität der Großloge über die symbolischen Grade bestimmt eine Abgrenzung gegen sogenannte Hochgrade oder andere Großlogen im Lande.
3. Die Ausgrenzung von Frauen ist spezifisch freimaurerisch traditionsbedingt und erfahrungsbegründet.
4. Die Forderung zum Glauben an ein höchstes Wesen ist eine begriffliche Umschreibung der Forderung nach religiöser Toleranz aus Artikel I der „Alten Pflichten" von 1723.
5. Die Verpflichtung der Maurer auf die drei großen Lichter der Maurerei, ein Buch des Heiligen Gesetzes, das Winkelmaß und den Zirkel, hat seine Bedeutung im Symbolismus der rituellen Arbeiten, in Transzendenz, Ethik und Brüderlichkeit.
6. Das Verbot, über Religion und Politik in der Loge zu diskutieren, ist eine Verhaltensregel zur Bewahrung des Friedens in der Loge.
7. Die Verpflichtung, die Grundsätze der sogenannten „Alten Landmarken" zu bewahren, bezieht sich auf die Gebräuche der operativen Maurerei und auf die Rituale sowie die Konstitution der ersten Großloge von 1717.

Die sieben Punkte setzen sich aus den ersten drei sachlichen Bestimmungen zusammen, die durch vier ideelle, interpretierbare Bedingungen ergänzt werden. Den Landmarken liegen drei anthropologische Prinzipien zu Grunde, die als Voraussetzung für die Einsicht in menschliche Pflichten anzusehen sind:

1. Die Menschen haben ein zeitloses Erfahrungswissen aus ihrer Erlebnisfähigkeit und ihrem Erinnerungsvermögen.
2. Sie haben ein beschränktes Erkenntniswissen von ihrem Denkvermögen.
3. Die Menschen haben eine Einsichtigkeit durch die ihnen gegebene Vernunft.

Diese Eigenschaften bilden die eigentlichen Grundlagen der freimaurerischen Bewegung, und sie sind die Grundsteine zum geistigen Tempelbau der Menschheit. Alle logenähnlichen

Vereinigungen und Organisationen, die diesen Grundsätzen nicht entsprechen, sind irregulär und daher von den zuständigen Großlogen offiziell nicht anerkannt.

In den Konstitutionen von Anderson haben Frauen keinen Zutritt zum Freimaurerbund. Daran halten sich die meisten Großlogen und Logen heute. Im Gegensatz dazu entstanden allerdings im 18. Jahrhundert „Adoptionslogen", entweder von einer Großloge approbiert oder auch einer Einzelloge angegliedert. 1882 wurde eine engagierte Feministin in eine Frauenloge aufgenommen. Gemeinsam mit einem Mann gründete sie dann die Großloge „Le Droit Humain", eine „gemischte Freimaurerei", die Frauen und Männer aufnahm und sich von Frankreich aus über zahlreiche Länder ausgedehnt hat. Im 20. Jahrhundert haben sich Frauenlogen und -großlogen konstituiert. In den USA (mit Ablegern in Europa) entstanden Organisationen, die den weiblichen Angehörigen der Freimaurer vorbehalten sind, wie „The Order of the Eastern Star."

In der Freimaurerei werden die Begriffe „Systeme, Lehrarten und Riten" weitgehend synonym verwendet. Dies mag durch die freimaurerische Praxis gerechtfertigt sein, trotzdem gibt es erkennbare Unterschiede zwischen diesen Begriffen. Das freimaurerische Gedankengut besteht aus Ideen, und es läßt sich jedes theoretische Wissen durch Lehren vermitteln. Die Riten sind aber nur im Vollzug, in den rituellen Arbeiten, zu erleben. Die Initiationen dienen der Selbstgestaltung und zur Selbstvervollkommnung.

In der historischen Entwicklung der Freimaurerei haben sich im wesentlichen, abgesehen von einigen Wildwüchsen, drei Richtungen herausgebildet: die Vereinigte Großloge von England, die konsequent am Konstitutionenbuch von 1723 festhält und freundschaftliche Beziehungen nur zu jenen Großlogen unterhält, die unverrückbar dieses erwähnte Grundgesetz anerkennen. Davon weicht die Schwedische Lehrart ab, die in den skandinavischen Ländern dominiert. In Deutschland wird diese Lehrart von der Großen Landesloge der Freimaurer wahrgenommen. Dieses System ist in der

„reinen Lehre Jesu" verankert, wie sie in den Evangelien dargeboten wird, eine Art Christus-Mystik, die sich in den höheren Erkenntnisstufen immer deutlicher enthüllt. Für Nicht-Christen ist diese Lehrart eigentlich unannehmbar. Auf dem Konvent von 1877 hat der Grand Orient de France die Formel vom „Allmächtigen Baumeister aller Welten" gestrichen, da er sie für ein Dogma erklärte, das im Widerspruch zur Gewissensfreiheit und Toleranz stehe. Der Klerikalismus der katholischen Kirche Frankreichs hatte einen Antiklerikalismus provoziert, so daß sich in den Logen des Grand Orient neben Spiritualisten auch Atheisten und Materialisten versammelten. Die Großloge von England brach daher die Beziehung zum Grand Orient ab, was den Abstand in den folgenden Jahrzehnten noch weiter vergrößerte. Der Grand Orient de France versteht sich zwar nicht als politische Partei, nimmt aber zu aktuellen gesellschaftspolitischen Problemen Stellung und verbreitet darüber auch öffentliche Resolutionen, die für die angelsächsische und die Schwedische Lehrart unannehmbar sind. Zusammenfassend kann man jedoch sagen, daß die rituelle Gemeinsamkeit der drei Johannisgrade (blaue Freimaurerei) in allen Logen der erwähnten Richtungen überwiegt. Die Differenzen sind teils weltanschaulich und politisch. Da es eine Weltinstanz der Freimaurerei nicht gibt und auch schwer zu vereinbaren wäre, sind der Konsens und Zusammenhalt nur rituell und ideell gegeben. Selbst wo die Systeme weitgehend identisch sind, ist die Freimaurerei nicht überall und jederzeit dieselbe, zumal die Freimaurer von den jeweiligen geistigen Zeitströmungen mitbeeinflußt werden.

In diesem Zusammenhang müssen auch die Hochgradsysteme (rote Freimaurerei) erwähnt werden. In England bearbeiteten die „Antients" den zusätzlichen Grad des Royal Arch, der das Kernstück ihres Lehrgebäudes bildete. Dieser Grad wird in eigenen Kapiteln unter einem nationalen Großkapitel bearbeitet und hat sich auch in anderen Ländern verbreitet, wie z. B. in Frankreich und in den USA. Ein Gesamtsystem stellt der Alte und Angenommene Schottische Ritus dar, während der York-Ritus mit seinem Namen mehrere selbständige

Gruppen abdeckt, die ohne organisatorischen oder organischen Zusammenhang aufeinander geschichtet sind. Während die amerikanischen und kanadischen Großlogen, aus denen sich der York-Ritus rekrutiert, zur universellen Freimaurerei des ersten Blockes zählen, ist die christliche Tendenz des York-Ritus und des Rektifizierten Schottischen Ritus unverkennbar, den es in Frankreich und in der Schweiz gibt. Dagegen ist der Alte und Angenommene Schottische Ritus (wenn man vom 18. Grad der englischen Gruppe absieht) der religiösen Neutralität der universellen Freimaurerei verpflichtet. Maßgeblich sind dabei die „Großen Konstitutionen" von 1786, deren Ursprung umstritten ist. Von den 33 Graden gehen die meisten auf eine französische Wurzel zurück. Der heutige Aufbau kommt aus Amerika, wo 1802 in Charleston (Süd-Carolina) der erste Oberste Rat gegründet wurde. Von ihm leiten sich alle regulären Obersten Räte der Welt her. In jedem Staat darf nur ein Oberster Rat amtieren, in den USA zwei Räte. Die freimaurerische Fortbildung in den weiterführenden Graden erfolgt in den Ateliers, in den Perfektionslogen, Kapiteln, Areopagen und Konsistorien. Über die Einzelheiten entscheidet jeder Oberste Rat selbständig.

Anders organisiert sind die Großlogen der Schwedischen Lehrart. Sie kennen keine Zäsur zwischen den Johannislogen und den Werkstätten weiterführender Grade und Erkenntnisstufen. Auch diese, in Andreaslogen und Kapitel gegliedert, unterstehen der Großloge bzw. dem Landesgroßmeister. Die Große Landesloge der Freimaurer von Deutschland in Berlin, die 1770 gegründet wurde, weicht vom schwedischen Vorbild insofern ab, als das Oberhaupt des ganzen Ordens der Ordens-Meister ist, dem ein Ordensrat zur Seite steht. Dieser ist in allen Ritual- und Systemfragen die höchste Instanz. Die Johannis- und Andreaslogen werden dagegen von einem Landesgroßmeister und dessen Großbeamten betreut. Auch die Große National-Mutterloge „Zu den drei Weltkugeln" besitzt ein geschlossenes System, das alle Institutionen der insgesamt sieben Grade und Erkenntnisstufen in der Großloge vereinigt. Für die Pflege der Lehre und des Rituals ist ein „Bundesdirektorium" innerhalb der Großloge zuständig. Dieses System besteht allerdings nur in Deutschland.

4. Organisationsstruktur

Die Freimaurerei ist in Logen und Großlogen organisiert. Loge (engl. lodge, frz. loge) bedeutet „Hütte bzw. Laube". Mitunter bezeichnen sich die Logen noch heute als Bauhütten, um die Erinnerung wachzuhalten, daß die Freimaurer die Herkunft ihrer Gliederungen und ihres Brauchtums von den operativen Gilden der mittelalterlichen Bauhandwerker ableiten. Manche Logen nennen sich auch „Johannislogen" nach Johannes dem Täufer, dem Patron der Maurer und Steinmetzen. Man unterscheidet auch zwischen „blauen" Logen (in der Johannisfreimaurerei) und den „Ateliers" der Hochgrade. Loge bezeichnet weiterhin auch den Versammlungsraum (Logentempel) der Freimaurer. Die sogenannten „Deputationslogen" vereinigen Freimaurer bestehender Bauhütten zur Gründung neuer Logen. Die einzelnen Logen entsprechen den Niederlassungen der früheren Maurer- und Steinmetzgilden am jeweiligen Ort. Die meisten sind heute als eingetragene Vereine organisiert und scheinen in den Vereinsregistern der zuständigen Amtsgerichte oder Vereinsbehörden auf. Sie tagen zumeist in eigenen Gebäuden oder in gemieteten Räumlichkeiten. Weltweit gibt es ca. 45 000 Logen. Da es aber keine freimaurerische Weltorganisation gibt, sind genaue Zahlen unbekannt.

Die meisten Logen kommen zu ihren Arbeiten einmal wöchentlich zusammen. Mit dem Begriff der Loge bezeichnet man auch die rituellen Arbeiten der Freimaurer, die je nach dem Hauptzweck, dem sie dienen, Instruktionslogen, Rezeptions-, Beförderungs-, Erhebungs-, Fest-, Trauer- und Wahllogen genannt werden. Jede Loge ist gegenüber der Großloge, der sie angehört, verpflichtet, jährlich eine bestimmte Anzahl ritueller Arbeiten durchzuführen, in deren Rahmen Kandidaten zu Lehrlingen in die Loge aufgenommen, Lehrlinge zu Gesellen befördert und Gesellen zu Meistern erhoben werden. Die Logen veranstalten neben ihren rituellen Versammlungen interne oder öffentliche Vortragsabende, Diskussionstreffen, Wohlfahrtsbälle und Schwesternfeste. Sie feiern den Johannistag, den Jahresschluß und ihre eigenen Jahrestage und besondere Fest- und Geburtstage ihrer Mitglieder. An die Tempelarbeiten schließen sich meistens gemeinsame Essen der Teilnehmer an der „weißen Tafel" an.

Die Logenmitglieder wählen ihren Beamtenrat für bestimmte, von Satzung und Hausgesetz vorgeschriebene Zeit. An der Spitze steht der „Meister vom Stuhl". Dieser wird unterstützt von den beiden Aufsehern, dem vorbereitenden Meister, dem Redner, dem Sekretär und dem Schatzmeister. In den Logen wird Wert darauf gelegt, daß die Beamten, insbesondere der Meister vom Stuhl, die Rituale der einzelnen Grade in der gebotenen Form beherrschen und der Meister seiner vom Brauchtum vorgegebenen Aufgabe, den Mitgliedern nach Denkart und Lebensführung Vorbild zu sein, gerecht wird. Je nach regionalem Brauch, der von der Mitgliederzahl einer Loge wie auch von ihren Traditionen bestimmt ist und manchmal wechselt, zählen Zeremonienmeister, Schaffner und Bibliothekar/Archivar zum engeren oder erweiterten Logenvorstand. Falls erforderlich, werden wie in anderen Vereinen auch Ausschüsse für besondere Aufgaben gebildet.

Aus der Perspektive des Brauchtums gesehen erstreckt sich die Loge als ein vom länglichen Viereck begrenzter Raum des speziell freimaurerischen Denkens und Arbeitens vom Mittelpunkt der Erde bis zu den Sternen. Hier hat der Begriff Loge eine geistige Dimension, indem sie alle Menschen zur Arbeit und zum Verweilen einlädt, die bereit sind, nach Selbsterkenntnis zu streben und Vorurteile zu bekämpfen, das Gesetz der sittlichen Weltordnung zu verwirklichen und Toleranz zu üben. In diesem Sinne ist die Loge nicht als sakraler, wohl aber als geschützter Bereich aufzufassen, von dem aus durch die Symbole und das Ritual freimaurerische Inhalte erlebbar gemacht werden. Die Ritualtexte können zwar von jedem Interessierten in öffentlichen Bibliotheken eingesehen werden, doch wird hinsichtlich der rituellen Arbeiten und der Mitglieder Verschwiegenheit geübt. Freimaurerische Bekleidung tragen die Mitglieder nur während ihrer rituellen Zusammenkünfte. Auf dem Tisch des Meisters vom Stuhl im Osten des Tempels liegt neben dem „Buch des heiligen Gesetzes" (in Europa meist die Bibel) die Rechtsordnung der Großloge. Die Mitte des Tempelraums bedeckt, eingerahmt von den drei Säulen, der Arbeitsteppich (oder Tapis). Nähere Einzelheiten der Ausstattung des Tempels enthalten die Ritualbücher der einzelnen Grade.

Jede Einzelloge untersteht einer Großloge. Die Großlogen bilden zur verwaltungsmäßigen Erfassung ihrer Mitgliedslogen Distrikts- oder Provinziallogen, deren Vorstand jeweils von den Vorständen der im Distrikt ansässigen Logen gewählt wird und deren Vorsitzende als Distriktsmeistertag ein Organ der Großloge bilden. Die Großlogen vertreten in der Regel ihre Mitgliedslogen korporativ in der Öffentlichkeit und gegenüber anderen Großlogen im In- und Ausland. Die Großlogen fördern und sichern die Arbeit in den Logen, halten sie im Einklang mit den freimaurerischen Grundsätzen und geben Anregungen zu gemeinnützigen, kulturellen und ethischen Zwecken. Sie achten auf die konzeptionell-programmatische Arbeit der Logen, ohne deren Selbständigkeit einzuengen. Logen werden Mitglied einer Großloge auf ihren Antrag durch Eintragung in die Mitgliederliste und durch „Lichteinbringung", die dem jeweiligen Großmeister vorbehalten ist. Daneben gibt es auch noch freimaurerische Forschungslogen, die sich mit der Geschichte der Freimaurerei und mit ihrer Gegenwart aus wissenschaftlicher Sicht beschäftigen. Die älteste wurde 1884 in London gegründet.

5. Freimaurerei und Geheimbünde

In der Neuzeit entstanden neben der Freimaurerei verschiedene Geheimbünde, die zwar z.T. die Freimaurer beeinflußten (wie z.B. die Rosenkreuzer) und ihre Organisationsstruktur und Symbolik übernahmen, aber aufgrund ihrer konspirativen Zielsetzung sich doch von ihr unterschieden. Besonders deutlich tritt der politische Aspekt nach der Wende vom 18. zum

19. Jahrhundert hervor, wo ausgesprochen politisch orientierte Geheimbünde entstanden sind, die – wie bereits der Illuminatenorden – einen politisch-rationalen Kern besaßen. Die Freimaurerei pflegte hingegen stärker die hermetisch-esoterische und rituelle Tradition. Bei den Rosenkreuzern standen vor allem religiös-politische Vorstellungen im Vordergrund. Aus der Vielzahl neuzeitlicher Geheimbünde sollen im folgenden einige ausgewählte Beispiele aufgezeigt werden.

Die Bruderschaft der Rosenkreuzer
Das ältere Rosenkreuzertum muß im Rahmen der politischen, geistigen und gesellschaftlichen Spannungen der Reformation und Gegenreformation gesehen werden. Um 1600 entstanden in Deutschland mehrere Vereinigungen und Bünde, die in gemeinsamer Arbeit die vorherrschenden Anschauungen und Ordnungen zu verändern versuchten. Diese Bünde, die religiöse Toleranz übten, unterhielten Kontakte zu den italienischen Akademien und zu Sozietäten in den Niederlanden und England. Der Augsburger Religionsfriede war nach den harten Auseinandersetzungen nicht in der Lage, einen Ausgleich und eine Beruhigung der schwierigen Situation herbeizuführen. Im Gegenteil: die Entwicklung schien letztlich auf einen großen Krieg hinauszulaufen. Anzeichen für diese Krise waren Rechtsbeugungen, Willkür, Aberglaube und gehässige theologische Streitereien, Ämterkauf in den Kirchen, Titelkauf in den Universitäten, zunehmende Geldentwertung, labile wirtschaftliche Lage und militärische Kämpfe unter den Konfessionen. Diese bedrückenden Verhältnisse erweckten andererseits auch die Hoffnung auf eine befreiende Weltveränderung. Die Religionsstreitigkeiten stärkten zum Beispiel die Hoffnung auf einen mächtigen und schlichtenden Fürsten. Diese Krise der frühbarocken Gesellschaft wurde nun nicht mehr ausschließlich – wie zum Beispiel vor dem Dreißigjährigen Krieg – religiös verarbeitet, „sondern war von Zwiespalt und einem Auseinandertreten von kirchlich-weltlichem und religiös-staatlichem Handeln geprägt und führte so zu einer Säkularisierung des gesellschaftlichen Denkens und Handelns, die so-

wohl den staatlich-politischen, den kirchlich-religiösen wie den kulturell-wissenschaftlichen Bereich stark berührte" (Richard van Dülmen, Die Utopie einer christlichen Gesellschaft, S. 15). Der gesellschaftliche Umstrukturierungsprozeß, der letztlich auf drei Gründe zurückzuführen ist – die Formierung des Frühabsolutismus, die Konfessionalisierung und beginnende Disziplinierung der Gesellschaft, den Beginn der modernen Wissenschaften und das neue Bildungssystem –, vollzog sich regional verschieden, doch setzte er sich letztlich als Rest der Reformationszeit und als Ergebnis der Gegenreformation in der deutschen Gesellschaft durch.

Der Geheimbund der Rosenkreuzer, in den diese Bestrebungen einmündeten, wollte eine „Generalreformation" der Welt. Zu seinen Mitgliedern zählten die damals hervorragendsten Köpfe, wie die Theologen Johann Arndt, Pansophen und Sozialkritiker wie Johann Valentin Andreae, Pädagogen wie Johann Amus Comenius, Ärzte. Alchemisten und Philosophen wie Michael Maier, der Leibarzt Kaiser Rudolphs II., Rechtsgelehrte wie Christoph Besold und der Arzt und Polyhistor Robert Fludd in England. Der Bund erlangte eine nicht zu unterschätzende Bedeutung für Politik und Wissenschaft. Er nahm seinen Ausgangspunkt von den sogenannten rosenkreuzerischen Traktaten, der „Fama fraternitatis" (1614) und der „Confessio fraternitatis", die 1615 in Kassel erschien. In diesen Manifesten finden sich ganz neue begriffsgeschichtliche Kategorien wie „Fortschritt", „Fortschreiten im Erkenntnisvermögen" und „Aufklärung" als praktische und soziale Aufgabe. Als Ziel wurde eine Gelehrtenrepublik ins Auge gefaßt, um das Ganze „in unserem saeculo mitgeteilte Wissen", sei es nun in „librum naturae oder regulam aller Künste", an „das helle, offenbare Licht zu bringen" (zit. nach van Dülmen, Die Utopie einer christlichen Gesellschaft, S. 79 ff). Im Mittelpunkt der Traktate steht die Person des Christian Rosenkreuz, auf den wahrscheinlich die Gründung der „Bruderschaft des hochlöblichen Ordens der Rosenkreuzer" zurückging, die nun, in ihren Manifesten wiederbelebt, zur Generalreformation der Welt aufruft.

Als Reaktion auf diese Manifeste erschien 1616 in Straßburg eine weitere Veröffentlichung: „Chymische Hochzeit: Christiani Rosencreutz anno 1459", dessen Autor, Johann Valentin Andreae, wahrscheinlich auch maßgeblich an der Abfassung der erwähnten Rosenkreuzer-Manifeste beteiligt war. Andreae veröffentlichte posthum einen ausführlichen Bericht über sein Leben, aus dem wir seine Lebensgeschichte rekonstruieren können. Er entstammte einer „ehrbaren Familie" aus dem Herzogtum Württemberg, deren soziale Stellung für ihn größte Bedeutung hatte. So verdankte er ihr nicht nur geistige Impulse, zahlreiche Kontakte und den beruflichen Aufstieg, sondern darüber hinaus auch die Verpflichtung, das Erbe des württembergischen Reformators und Tübinger Kanzlers Jakob Andreae als Wiederhersteller von Kultur und Kirche in Württemberg fortzusetzen. Von der Familie empfing er auch die entscheidenden Anregungen zur Pflege der Kunst und Wissenschaft und Verwirklichung eines praktischen Christentums.

Im Zentrum seiner Überlegungen stand zunächst – ganz im Sinne der lutherischen Reformen – das Bewußtsein der steckengebliebenen Reformation, die zwar die Lehre von abergläubischer Tradition gereinigt hatte, die aber zur Verbesserung des Lebens nichts Entscheidendes beitragen konnte. Auf dieser Auffassung aufbauend, entwickelte Andreae die Idee einer Weiterführung der Reformation. Den Grund für das Versagen der lutherischen Kirche sah er in ihrer Verkümmerung zu einer Staats- und Theologenkirche, in der Universität und im Gelehrtenstand, da sich der Humanismus immer mehr in scholastische Rechthaberei verlor. So forderte er eine Sozietät, die die Verchristlichung des humanistischen Gelehrtenstandes anstrebt. Richard van Dülmen hat in diesem Zusammenhang zu Recht darauf hingewiesen, daß Andreaes Kritik nicht ausreiche, zu klären, warum er auf die Krise seiner Zeit einerseits mit einer Reformationsutopie, andererseits mit Gesellschaftsentwürfen reagierte. In seiner Utopie zeigen sich deutlich drei Traditionen, die apokalyptisch-chiliastische, die alchemistisch-chiliastische Idee der Naturphilosophen und die

Vorstellung von einer Idealstadt, in der das gesellschaftliche Leben rational geregelt werden sollte. Zur Idee der Weiterführung der lutherischen Reformation in Richtung Verchristlichung der Welt kam bei ihm noch die Vorstellung der Lebensgemeinschaft auserwählter Christen in einer gottgewollten Ordnung hinzu.

In der Schrift „Chymische Hochzeit" wird die „Einweihung" des Christian Rosenkreuz in „sieben Tagen" geschildert, wobei Alchemie als Symbol des Wandlungs- und Erneuerungsgeheimnisses fungiert. Daneben verfaßte Andreae noch weitere interessante Schriften, die von der Forschung bisher viel zu wenig berücksichtigt wurden. Im „Turbo" wird das Faustthema aufgegriffen und eine anthropologische Auffassung vom Menschen konzipiert, die später in die Freimaurerei hineinzuwirken begann. Andreae verdeutlicht darin, daß der Mensch zunächst nicht als fertige Persönlichkeit geboren wird, sondern stets an sich weiterarbeiten und den Entwurf vollenden muß. Der Wahrheitssucher findet nach zahlreichen Versuchen und Prüfungen verschiedener Lebenssituationen und Weltanschauungen erst in der vollkommenen Hingabe an Gott die Erlösung von allem Irrtum.

Auch der utopische Entwurf „Christianopolis" wurde im Umfeld der Rosenkreuzer 1619 von Andreae verfaßt. Er stellt die Beschreibung des Staates von „Christianopolis" dar, die in einem engen Zusammenhang mit der „Nova atlantis" des Francis Bacon und der „Civitas solis" von Thomas Campanella zu sehen ist, obwohl beide Utopien erst später im Druck erschienen sind. Zwei Freunde Andreaes, Tobias Adami und Wilhelm Wense, hatten Campanella während dessen Haft öfters im Gefängnis von Neapel besucht. Zu jenem Zeitpunkt, als Andreae an den Rosenkreuzer-Manifesten arbeitete, nahm er wahrscheinlich Einsicht in das Manuskript Campanellas, wo er die Beschreibung einer idealen Stadtgemeinschaft fand. Das Bezugssystem der „Christianopolis" ist weiter gefaßt als jenes der Sozietätsschriften, da er hier nicht nur das Problem der Bildung einer Elitegemeinschaft thematisiert, sondern auch den Entwurf einer Gegenwelt konzipiert. Sie gilt als Paradigma einer Reformationsutopie. Besonders hervorzuheben ist der zeitkritische und revolutionäre Inhalt dieser Utopie, da Andreae die idealen Vorstellungen mit den Mißverständnissen seiner Zeit konfrontiert. Als oberstes Prinzip werden soziale Gerechtigkeit und Verpflichtung zur Wahrheit hervorgehoben; die gesamte Kultur der utopischen Stadt ist stark von der Wissenschaft geprägt, was auf ein neues Wissenschaftsverständnis der Zeit Andreaes hindeutet. Andreae stellt sich in „Christianopolis" nicht die Frage nach der konkreten Verwirklichung, sondern will die Idee der Einheit von sittlichem Leben, reiner Lehre und wissenschaftlicher Forschung durch die Nachfolge Christi und die Verchristlichung der Welt erreichen.

Stellen Sozialstruktur und Wirtschaftsleben der „Christianopolis" den Idealtyp einer frühneuzeitlichen Stadt dar, so zeigt ihr kulturelles Leben ein frühbürgerliches Bildungsideal, das sich allen modernen Wissenschaften, insbesondere den praktischen, verpflichtet weiß. Hält zwar Andreae noch am theologisch-kosmologischen Selbstverständnis fest, so überwindet sein Wissenschaftsideal doch die scholastische und kirchliche Tradition und beruft sich auf die unmittelbaren Quellen der Schrift und Natur. Als Bischof von Calw hat er später ein organisiertes Sozialwesen auf der Basis eines christlichen Sozialismus zu errichten versucht und am Ende seines Lebens, als sein Werk durch den Dreißigjährigen Krieg zerstört wurde, in der Schrift „Theophilus" die Idee „Christianopolis" und seine übrigen Reformprogramme nochmals zusammengefaßt. Das in der „Christianopolis" gepriesene Ideal christlichen Verhaltens wird nun hier zur Forderung an jeden einzelnen Menschen, an Kirche, Staat und Gesellschaft. Der „Theophilus" entstand 1622 zur Zeit der schärfsten Angriffe gegen Andreae und diente daher wohl zur Verteidigung seiner Rechtgläubigkeit.

Daß Andreaes „Christianopolis" Bacons „Nova atlantis" beeinflußt hat, ist heute unumstritten. In Bacons Entwurf kommt dem Haus „Salomonis", der intellektuellen Führungsspitze in dieser Utopie, eine zentrale Rolle zu. Sie weist gewisse Parallelen zu den späteren Freimaurerlogen auf. Die weisen Männer im Haus Salomonis sind weitgehend identisch mit der Bruderschaft der Rosenkreuzer. Bis ca. 1630 kam eine Fülle von Schriften für und gegen das Rosenkreuzertum heraus, wobei der Arzt, Alchemist, Naturwissenschaftler und experimentelle Philosoph Michael Maier und der englische Arzt, Mystiker und Theosoph Robert Fludd dem Rosenkreuzermythos eine feste literarische Basis gaben, so daß der falsche Eindruck erweckt wurde, daß hinter dieser Bewegung ein festgefügtes gedankliches System stehe. Auch Joachim Jungius, der von Leibniz besonders geschätzte Mathematiker und Naturforscher, wollte ganz im Sinne der Rosenkreuzer den Wissenschaften einen institutionellen Rahmen geben, indem er die erste wissenschaftliche Akademie in Deutschland und im nördlichen Europa ins Leben rief.

Wirkungsgeschichtlich entscheidend wurde aber dann Johann Amus Comenius, der Andreae als geistigen Vater verehrte und ein pansophisches System universellen Wissens entwickelte, in dem die gescheiterte Weltreformation auf pragmatische Weise verwirklicht werden sollte. Im Mittelpunkt dieser Programmatik stand die Pädagogik, mit deren Hilfe die Menschen in Wissen, Sprache und Religion vereinigt werden sollten. Comenius forderte in diesem Zusammenhang ein universelles Kollegium, wie es bereits in ähnlicher Form in der „Christianopolis" und in der „Nova atlantis" vorgeschlagen wurde. Über Andreae hinaus hat er auch durch organisatorische Pläne die Idee einer Weltverbesserung nach England getragen und wirksam werden lassen, womit er gleichzeitig eine unmittelbare Verbindung zwischen dem Rosenkreuzer-Gedanken Andreaes und der englischen Frühlogenzeit herstellte. In Übereinstimmung mit Andreae wollte auch er über alle trennenden Schranken hinweg einen großen „Menschheitsdom" errichten, in dem Menschen aller Völker, Nationen, Sprachen und Religionen zusammengefaßt werden sollten. Comenius wurde nicht umsonst auf Betreiben des Freimaurers Samuel Hartlib vom englischen Parlament eingeladen, einen Entwurf für eine humanitäre Gelehrtengesellschaft zu verfassen. In seiner Schrift „Via lucis" (1641) schlägt er ein „Collegium universale" mit Sitz in England vor, das alle Bünde und Bruderschaften mit dem Ziel einer Weltreformation vereinigen sollte. In den Satzungen waren die Abgeschlossenheit des Bundes und die Verpflichtung seiner Mitglieder zur Verschwiegenheit vorgesehen. Zwar führten die Verhandlungen im Parlament nicht weiter, doch blieb diese Initiative nicht ohne Wirkung, da aus diesem „unsichtbaren Collegium", an dem Hartlib teilnahm und das von einem Deutschen, Theodor Haak, in Oxford gegründet wurde, die erste moderne wissenschaftliche Gesellschaft, die „Royal Society" hervorging, deren Mitglieder in enger Beziehung zum Rosenkreuzertum und zur Freimaurerei standen.

Um das erwähnte „unsichtbare Collegium", dem vermutlich die „Royal Society" entsprang, wurde viel gerätselt. Die Bezeichnung „unsichtbares Collegium", das mit dem alten „Ludibrium", mit dem alten Spaß über die Unsichtbarkeit, verbunden war und mit den Brüdern vom Rosenkreuz in Verbindung gebracht wurde, weist auf eine Tradition hin, die von der Rosenkreuzer-Bewegung bis zu den Anfängen der „Royal Society" führt. Die Society, die sich vorwiegend aus Naturphilosophen zusammensetzte, hatte in der Frühzeit viele Feinde gehabt. Zunächst wurden bei ihren Zusammenkünften nur wissenschaftliche Themen besprochen und religiöse Fragen ausgeklammert. Dies war sicher eine sehr kluge Vorsichtsmaßnahme. Daß Elias Ashmole als Gründungsmitglied der „Royal Society" aufschien, ist allerdings ein wichtiger Hinweis darauf, daß neben den starken naturwissenschaftlichen Interessen auch die Tradition des Rosenkreuzertums weiter gepflegt wurde, wenn auch nur als privates Vergnügen ihrer Mitglieder. Ashmole galt als der bedeutsamste Vertreter der alchemistischen Bewegung im England des 17. Jahrhunderts. Er schrieb die englische Übersetzung der „Fama" und der „Confessio" ab und gab diesen Abschriften einen kunstvoll angelegten lateinischen Brief bei, der sich an die „erhabenen Brüder vom Rosenkreuz" richtete und die Bitte enthielt, Mitglied dieser Bruderschaft zu werden. Ashmole erwähnt in seinem Tagebuch, daß er 1646 in einer Freimaurerloge in Warrington rezipiert wurde. In der Literatur ist hervorgehoben worden, daß dies die früheste bekannte Aussage über spekulative Freimaurerei in einer englischen Loge gewesen sei. Es ist in diesem Zusammenhang durchaus denkbar, daß über Ashmole, der mit eigener Hand die Rosenkreuzermanifeste abschrieb und der Bruderschaft sehr positiv gegenüberstand, die Rosenkreuzer-Tradition in der englischen Freimaurerei verbreitet wurde. Aus dem Jahre 1638 besitzen wir eine Aussage, die auf eine sehr frühe Verbindung des Rosenkreuzertums zur Freimaurerei hinweist. Es handelt sich dabei um ein Gedicht, das in Edinburgh (1638) veröffentlicht wurde und eine metrische Beschreibung von Perth und seiner Umgebung bietet:

„Was wir prophezeien ist nicht allgemein,
Denn wir sind die Brüder vom Rosenkreuz:
Wir besitzen das Maurerwort und das Zweite Gesicht,
Wir können Künftiges wohl weissagen..."
(zit. nach Frances A. Yates, Aufklärung im Zeichen
des Rosenkreuzes, S. 220f).

Noch stärker tritt diese Verbindung in einem Freimaurerpamphlet aus dem Jahre 1676 hervor, wo es u.a. heißt:

„Wir wollen zur Kenntnis geben, daß die moderne grünbebänderte Kabbala zusammen mit der Alten Bruderschaft des Rosenkreuzes: den Hermetischen Adepten und der Gesellschaft der Eingeweihten Freimaurer alle vorhaben, am nächsten 31. November miteinander zu speisen" (zit. nach Yates, S. 221).

Diese Hinweise beweisen jedoch noch nicht, daß es zu dieser Zeit tatsächlich eine geheime Organisation der Rosenkreuzer gab. Mit einiger Sicherheit kann jedoch gesagt werden, daß Träger rosenkreuzerischer Ideen existierten, die bemüht waren, über die Verbreitung ihrer Philosophie eine von allen religiösen Richtungen akzeptierte Grundlage für einen überregionalen Geheimbund zu schaffen, in dem Menschen unterschiedlicher religiöser Auffassung zusammenleben und gemeinsam am Fortschritt der Wissenschaft im Sinne einer allgemeinen Humanität arbeiten sollten.

Die Gold- und Rosenkreuzer
Zwischen der älteren Rosenkreuzerbewegung und der im 18. Jahrhundert entstandenen Bruderschaft der Gold- und Rosenkreuzer bestand kein direkter Zusammenhang. Der erste Hinweis auf die Gold- und Rosenkreuzer des 18. Jahrhunderts ist eine Schrift von Sincerus Renatus (Samuel Richter) aus dem Jahre 1710: „Die wahrhaffte und vollkommene Beschreibung des philosophischen Steins der Bruderschaft aus dem Orden des Gülden- und Rosenkreutzes denen Filiis Doctrinae zum Besten publiciret von S.R.d.i. Sincerus Renatus." Ab diesem Zeitpunkt gibt es die Verbindung von Rose und Kreuz mit dem Gold, die die Zweiteilung rosenkreuzerischen Geheimwissen in Theologie und Philosophie zum Ausdruck bringt und das im „Stein der Weisen" zu einer Einheit zusammengeführt ist. In einem französischen Ritual einer Rosenkreuzer-Bruderschaft heißt es u.a., daß der philosophische Weg zum Naturgeheimnis und zu zeitlichem Glück und der theosophische Weg in das höchste Geheimnis der Göttlichkeit sowie zum ewigen Leben führen soll. Diese Hinweise verdeutlichen, daß sich Anfang des 18. Jahrhunderts eine Bruderschaft der Gold- und Rosenkreuzer neu oder vielleicht auch wiederbegründet haben könnte. Die weiteren Schriften, die in der Folge erschienen sind, geben keinen eindeutigen Aufschluß über die tatsächliche Existenz des Ordens. Demnach läßt sich auch kein Zusammenhang zwischen den Gold- und Rosenkreuzern und der älteren Rosenkreuzerbewegung rekonstruieren, auch wenn der neue Orden aus älteren Quellen gedankliche Anregungen übernahm oder darauf zurückgriff.

Die älteste Quelle über die Gold- und Rosenkreuzer-Bruderschaft „Aureum Vellus seu Iunioratus Fratrum Roseae Crucis", von einem Mitglied der „Prager Assemblée", stammt aus dem Jahre 1761. Sie enthält Statuten, ein Ritual und wurde zum Teil wörtlich aus der 1749 in Leipzig herausgekommenen Schrift des Johann Heinrich Schmidt, der sich Hermann Fictuld nannte, abgeschrieben. Zweimal wird darin eine „Societät der goldenen Rosen-Kreutzer" erwähnt. Es wäre daher möglich, daß der Autor bei der Gründung der Bruderschaft eine Rolle gespielt hat. Vor 1767 bestand die Bruderschaft aus einem Kaiser und Vizekaiser, die aber nach der Ordensrefom nicht mehr erwähnt werden, und aus sieben Klassen, die sich aus 77 Magi, 700 Majoratsmitgliedern, 1000 Adepti exemti, 1000 Jüngern und aus den jüngst Aufgenommenen zusammensetzten. Spätere Organisationsformen waren hier bereits in ihrer Grundstruktur vorhanden. Nach den Statuten war die Aufnahme von Deisten und Heiden verboten, während Juden in Ausnahmefällen rezipiert werden durften. Dies stieß aber später auf strikte Ablehnung.

Der Orden wurde 1764 durch die Aufhebung des Prager Zirkels öffentlich bekannt. In diesem Kreis existierte bereits eine enge Verbindung zwischen den Rosenkreuzern und der Freimaurerei, was auch aus der Bezeichnung „Loge zur schwarzen Rose" und aus der Doppelmitgliedschaft hervorgeht. Das Eindringen der Rosenkreuzer in die Freimaurerei wurde vor allem durch das Hochgradsystem begünstigt, das sich gegen die aufgeklärten Ziele der Maurerei richtete. Die Rosenkreuzer gaben sich innerhalb dieses Systems als die höchste Stufe der Freimaurerei aus. So wurde zum Beispiel in dem 1777 erlassenen zweiten Hauptplan betont: „Damit aber die Obern ihre wahre Absichten besser verbergen, und die Wißbegierde der Menschen leichter erfahren möchten, so haben sie die 3 untersten Klassen der sogenannten Freymaurerey, als eine Pflanzschule zu höheren Wissenschaften ... errichtet; und obgleich solche durch die Länge der Zeit mit vielen eitlen und unnützen Nebendingen ganz profanirt, und fast unkennbar gemacht worden, so müssen doch ... vom brüderlichen Rechtswegen die tauglichsten Subjecta aus ihrem Mittel geholt werden, und kann kein anderer ... in unsern Zirkel treten ...." (zit. nach: Starke Erweise aus den eigenen Schriften des Hochheiligen Ordens Gold- und Rozenkreutzer... [Rom 5555], S. 3, vermutlich anonym von J.J.Bode hrsg.). Hier wurde die Mitgliedschaft in der Freimaurerei zur

Voraussetzung für die Rosenkreuzer-Bruderschaft mit dem Ziel, die Logen zu unterwandern und langsam umzufunktionieren.

Das Herrschaftssystem des Ordens wurde durch eine Hierarchie des Wissens ideell gefestigt, die vom freimaurerischen Hochgradsystem beeinflußt war. Dieses System gliederte sich in neun Grade, die dem jeweiligen Stand in der rosenkreuzerischen Ausbildung und der praktischen sowie theoretischen Kenntnis der Lehre der Bruderschaft entsprachen. 1777 hatte der Orden 5856 Mitglieder, die sich auf die neun Grade sehr unterschiedlich verteilten: sieben Magi, 77 Magistri, 777 Adepti exemti, 788 Majores, 799 Minores, 822 Philosophi, 833 Practici, 844 Theoretici und 909 Juniores. Die Mitglieder der Bruderschaft setzten sich aus Naturforschern, Ärzten, höheren Offizieren, Theologen und Abenteurern zusammen, also vorwiegend aus höheren bürgerlichen adeligen Schichten.

Das Anliegen des Ordens war religiöser Natur. Im Zentrum stand eine pansophische Emanationslehre, wonach die Natur ein „Ausfluß der Schöpferkraft Gottes und somit selbst ein Stück Gottheit sei". Dazu kam dann später eine starke Politisierung im Zuge des Differenzierungsprozesses der Aufklärung. Dabei standen eine ausgeprägte Personalpolitik und die Bildung einer sozial integrierenden elitären Truppe im Vordergrund. Das Beispiel der Politik Wöllners zeigt, daß das Anliegen der Rosenkreuzer auch nach der erfolgten Politisierung des Ordenszweckes religiös orientiert blieb. Die Auseinandersetzung mit der Aufklärung, die den Inhalt der rosenkreuzerischen Politik ausfüllte, war ein Kampf gegen Irreligiosität, Deismus und Naturalismus. Politischen Einfluß gewann der Orden vor allem in Preußen und mit Abschwächung auch in Bayern.

Nach 1767 breiteten sich die Rosenkreuzer rasch aus und gewannen zunehmend Einfluß, wobei diese Ausdehnung lokale Schwerpunkte aufwies, wie in Süddeutschland, Wien, Sachsen, Schlesien, Berlin und weiteren Gebieten in Norddeutschland, Rußland und Polen. Mit der Herrschaft Friedrich Wilhelms II. von Preußen ist dann der Höhepunkt des Ordens erreicht, doch setzte gleichzeitig wegen der verstärkten politischen Ordenszwecke auch sein Niedergang ein. Dazu kamen noch die aufkommende innere Kritik durch das Ausbleiben der versprochenen Wunder und das Ergebnis des Wilhelmsbader Konvents von 1782, der das Hochgradsystem (die Strikte Observanz) innerhalb der Freimaurerei und damit den Einfluß der Rosenkreuzer beseitigte. Nach 1787 trat der Orden nicht mehr in Erscheinung. In diesem Jahr wurde ein „Silarium", der einstweilige Stillstand der Arbeit, verfügt. Das genaue Ende der Rosenkreuzer-Bruderschaft ist, wie ihr Anfang, aufgrund des vorhandenen Quellenmaterials leider nicht genau zu datieren.

Der Geheimbund der Illuminaten
Die Ziele des Illuminatenordens, der 1776 von Adam Weishaupt, Professor für Kanonisches Recht an der Universität Ingolstadt, gegründet wurde, waren eingebunden in einen universalen geschichtsphilosophischen Begründungszusammenhang, wonach die Aufklärung als eine Entwicklungsstufe eines naturwüchsigen Geschichtsprozesses verstanden wurde, dessen Ursprung in einem vorhistorischen Naturzustand lag. Ziel dieses Geschichtsprozesses war ein Endzustand, der sich mit dem Ausgangspunkt der Gesellschaft, dem Naturzustand deckt. Dabei handelt es sich um eine kosmopolitische Weltordnung ohne Staaten, Fürsten und Stände. Die Aufklärer, die sich – wie der Illuminatenorden – zu organisieren begannen, faßten die Wiederherstellung der menschlichen Rechte und die Förderung von Aufklärung und Moral ins Auge, um so jede Herrschaft langsam abzubauen. Die Vernunft sollte das „alleinige Gesetzbuch der Menschen", das Menschengeschlecht „dereinst eine Familie und die Welt der Aufenthalt vernünftiger Menschen" werden. Unter Aufklärung verstand Weishaupt weniger eine geistige Bewegung als vielmehr eine moralische und politische Qualität. Sie war bei ihm nicht identisch mit theoretischen abstrakten Problemen, sondern verändert Menschen und ihre Gesellschaft, trägt zur Vervollkommnung der Menschen bei und bessert das „Herz".

Die Moral wird bei ihm mit der Lehre Jesu und seinen Jüngern gleichgesetzt. Sie führt die Menschen zu ihrer höchsten Vollendung. Die christliche Forderung der Nächstenliebe und der Gütergemeinschaft reflektiert nach seiner Auffassung den Naturzustand des Menschen und ermöglicht erst die Freiheit.

Unverkennbar schließt sich hier Weishaupts Lehre an das utopische Potential der christlichen Botschaft an. Durch die aufkommende Fürstenherrschaft, den weltlichen Despotismus und die zunehmende Zivilisation wurde jedoch das menschliche Naturparadies zerstört, und die Priesterherrschaft, der geistliche Despotismus und die Theokratie haben die Lehre Jesu depraviert. Die wesentlichste Aussage des Urchristentums sei in der „Hülle der Freimaurerei" erhalten geblieben, zumal diese durch die Verbreitung der Lehre Jesu und die Aufklärung der Vernunft ein „thätiges" Christentum verkörpere. Die Freimaurerei habe sich aber im Laufe der Zeit durch Eigennutz und die Erfindung von neuen Graden, Goldmacherei und Zeremonien von ihrer ursprünglichen Idee so weit entfernt, daß die Illuminaten Vernunft und Moral retten mußten. Letztlich wollte der Orden den die menschliche Natur depravierenden Despotismus überwinden und einen kosmopolitischen Republikanismus errichten, in dem die aufgeklärte Vernunft den Naturzustand des Menschen von Gleichheit und Freiheit wiedererrichtet. Damit wurde zum ersten Mal unter Berufung auf die Aufklärung der Geltungsanspruch vernünftiger Normen auf den staatlichen Bereich erweitert und in der Forderung nach einem Vernunftstaat eine politische Utopie konzipiert, die die politische Seite des aufgeklärten Denkens nun auch verwirklichen sollte.

Anfang 1780 begann sich der Orden, der ursprünglich nur ein geheimer Studentenbund war, über Bayern hinaus zu verbreiten. Mit dem Eintritt Adolph Freiherrn von Knigges wurde er neu strukturiert und durch eine Reform des Ordenssystems gestärkt. Knigge konnte durch unermüdlichen Einsatz und zahlreiche persönliche Beziehungen dem Orden weitere Mitglieder zuführen. Die Ziele, die der Freiherr verfolgte, waren darauf gerichtet, eine stärkere Verbindung zwischen dem Orden und der Freimaurerei herzustellen, weshalb er die Unterwanderung der bestehenden Logen und die Einverleibung in den eigenen Orden vorsah. In das Gradsystem des Illuminatenordens wurde daher die Freimaurerei bewußt als zweite Klasse aufgenommen, weil dies der Absicht entgegenkam, die Logen systematisch zu unterwandern. Die Freimaurerei sollte auf diese Weise stärker für die politischen Zwecke des Illuminatenordens eingesetzt werden. Daß sie dabei nur die Hülle der Gesellschaft der Illuminaten war, verdeutlicht nicht zuletzt die Unterwanderung der Münchner Loge „St. Theodor zum guten Rath" und der Wiener Loge „Zur wahren Eintracht". Für diese bewußte Unterwanderung war vor allem Weishaupt, während Knigge, der sehr enge Kontakte zur Freimaurerei unterhielt, für eine Vereinigung beider Gesellschaften eintrat, um seinen freimaurerischen Reformplan, die Strikte Observanz zu reinigen, besser realisieren zu können. Weishaupt war der Auffassung, daß die unterwanderten Logen zu Hilfsorganisationen werden sollten, wobei die für den Illuminatenorden ungeeigneten Freimaurer in den Logen zu verbleiben hätten.

Auf dem Höhepunkt seines Aufbaus umfaßte der Orden 600 bis 700 Mitglieder in ganz Deutschland, die sich größtenteils aus Beamten, Professoren und Weltgeistlichen, darunter auch ein hoher Anteil an Adeligen, zusammensetzte, während Kaufleute und Kleinbürger unterrepräsentiert waren, was auf einen Widerspruch innerhalb des Ordens hinweist. Die verschiedenen Gegensätzlichkeiten, persönlichen Kämpfe und die Aufdeckung sowie Verfolgung 1784/85 führten schließlich zum Verfall und zur Auflösung des Geheimbundes. Mit der Aufdeckung des Illuminatenordens bekam die reaktionäre Entwicklung neuen Auftrieb und zudem den Beweis in die Hand, daß die Aufklärung religions- und staatsfeindlich eingestellt war. So wurden die Illuminaten als politische Feinde des bestehenden Systems denunziert und nach 1789 als Jakobiner und Urheber der Französischen Revolution verketzert. Schüchterne Wiederbelebungsversuche, wie zum Beispiel Carl

Friedrich Bahrdts „Deutsche Union", blieben nur kurze Erscheinungen.

Der wesentlichste Unterschied zwischen dem Illuminatenorden und der Freimaurerei lag trotz starker personeller Verknüpfung im Charakter der beiden Gesellschaften. Die Freimaurerei war letztlich eine esoterische Gemeinschaft ohne Ideologie, die Rituale sehr betonte, während der Geheimbund der Illuminaten ein rational-aufgeklärtes System mit ideologisch-politischer Zielsetzung besaß. Daher ist der Illuminatenorden stärker den politischen Geheimbünden zuzuordnen. In der „Eudämonia" von 1796 heißt es über die Illuminaten, daß die Absichten dieses „abscheulichen Bundes" darauf ausgerichtet seien, „die Altäre umzustürzen, die Throne zu untergraben, die Moral zu verderben, die gesellschaftliche Ordnung übern Haufen zu werfen, kurz jede bürgerliche und religiöse Einrichtung einzureissen, und Heidenthum, Mordgericht, und alle Gräuel einer demagogischen Anarchie dafür einzuführen" (Eudämonia oder deutsches Volksglück II, Leipzig 1796, S. 232 ff). Diese als „Verschwörungstheorie" in die Forschung eingegangenen Vorstellungen eines weltweiten Netzes radikaler Wühlarbeit der Geheimgesellschaften hat sich heute aufgrund neuerer Untersuchungen als konterrevolutionäre Erfindung herausgestellt, was sich am Beispiel des Illuminatenordens überzeugend belegen läßt. Der Geheimbund der Illuminaten lehnte nämlich die gewaltsame Revolution ab, da er die Herrschaft der Moral auf konspirativem Weg erreichen wollte, ohne den absolutistischen Staat revolutionär zu bedrohen. Er war daher eher Teil des aufgeklärten Absolutismus und nicht Opposition.

Die Deutsche Union
1786/87 gründete Carl Friedrich Bahrdt zur Verwirklichung seiner radikal-aufklärerischen Ideen eine überregionale und überstaatliche geheime Korrespondenzgesellschaft, die er „Deutsche Union" nannte. Diese Union, der zu Beginn 22 Personen angehörten, Mitglieder einer schon vorher in Halle gegründeten Reformloge, war ein Zusammenschluß von Ge-

lehrten, Schriftstellern und Lesern und verstand sich als Autoren- und Leserverband. Als Ziel schwebte Bahrdt ein genossenschaftlich organisierter Selbstverlag von Autoren vor, der einen engen Kontakt zu den Lesern herstellen sollte. So war Bahrdt bestrebt, eine „Korrespondenz durch ganz Europa" aufzubauen. Eine bedeutende Rolle sollten dabei die Lesegesellschaften spielen, die er vor allem dort errichten wollte, wo seine Union dringend Stützpunkte brauchte. Offenbar dachte er an eine Mischung von Geheimbund und Leserverband, wobei er den engeren Bund bewußt von der Öffentlichkeit abschirmen wollte. Während hier strikte Geheimhaltung herrschen sollte, bildeten die Lesegesellschaften gleichsam die „Außenseite" des Unternehmens. Aus der breiten Mitgliedschaft wollte Bahrdt einen engeren Personenkreis auswählen, der den esoterischen Kern des Bundes bilden sollte. Das Neue an diesem Geheimbund war eben diese spezifische Organisationsform: die Kombination von Geheimgesellschaft und Leserverband.

Im Gründungsaufruf „An die Freunde der Vernunft" aus dem Herbst 1787 kündigte Bahrdt eine „literarische Gesellschaft" an. Dieser Aufruf entstand zu einer Zeit, in der aufklärungsfeindliche Regime scharf gegen kritische Aufklärer vorgingen. Sichtbare Zeichen dieser Reaktion waren Freimaurerverbote, Illuminatenjagd und verschiedene Verfolgungen oppositioneller Kräfte. Rosenkreuzerei und Mystizismus, Polizeistaat und Spitzelwesen standen auf der Tagesordnung – die ängstlichen Herrscher reagierten überempfindlich. Bahrdt zufolge gab es dagegen ein wirksames Mittel: den korporativen Zusammenschluß aller kritischen Aufklärer. Der neue Bund wurde deshalb als eine radikale aufklärerische Organisation konzipiert mit dem Ziel, den Gegnern der Aufklärung Widerstand zu leisten und sie zu bekämpfen. Gemeint waren hier konkret die preußischen Rosenkreuzer wie König Friedrich Wilhelm II. und seine beiden Günstlinge Johann Christoph von Wöllner und Johann Rudolf von Bischoffwerder, die in Berlin bedeutenden Einfluß hatten. Bahrdt strebte zunächst die Durchsetzung der Aufklärung im Kulturleben an, um später die „politische Welt" für die Ideen der Aufklärung zu gewinnen. Der erwähnte Aufruf erreichte mehrere hundert Vertreter der deutschen Intelligenz und fand dort Resonanz. Der „große Zweck" wurde sehr allgemein formuliert: es gehe bei dieser „stillen Verbrüderung" um „Aufklärung der Menschheit und Dethronisierung des Aberglaubens".

Bahrdt gliederte seine „Deutsche Union" zu Beginn in zehn bis zwölf und später in 24 „Provinzen oder Diözesen". Dabei nahm er auf die bestehenden Monarchien und ihre Grenzen keine Rücksicht. Er vertrat die Auffassung, daß die Lesegesellschaften nicht zu isolierten Gruppen bürgerlicher Intellektueller werden sollten. Sie hätten vielmehr für die Volksbildung zu sorgen und die Aufklärung „in die Hütten des Volkes" zu tragen. Im Herbst 1787 erhielt ein größerer Adressatenkreis einen zweiten „verbesserten Plan", in dem erneut hervorgehoben wurde, wie wichtig es sei, den Buchhandel ganz in die Hand zu bekommen. Bahrdt meinte, man könne auf diese Weise die Gegner der Aufklärer um „Verleger und Publikum" bringen. Das wichtigste Forum der Meinungsbildung war das Politisch-literarische Intelligenzblatt der Union, welches das Ideengut der Organisation propagieren sollte. Den „dirigierenden" Schriftstellern kam die Aufgabe zu, das Intelligenzblatt zum Sprachrohr oppositioneller, kritischer Aufklärung zu machen. Die Lesegesellschaften sollten für die Sicherung und Vermehrung des Buchabsatzes sorgen. Sie hatten darüber hinaus auch die Aufgabe, unmittelbare Literaturpropaganda für die radikale Aufklärungsgesellschaft zu betreiben, um so die Leserwelt zu beeinflussen. Der Kontakt mit der Lesergemeinschaft wurde von der Unionsleitung durch regelmäßige Korrespondenz mit den Sekretären der Lesegesellschaften hergestellt, insbesondere durch Direktiven, Nachrichtenübermittlung, Berichterstattung und Buchsendungen.

Die Autoren als „dirigierende Brüder" wirkten vor allem durch Richtlinien und Informationen an die Leiter der Lesekabinette auf die Urteilsbildung des Leserpublikums ein. Der Sekretär der Lesegesellschaft erhielt zum Beispiel den Auftrag, auf Bücher und Periodika der radikalen Aufklärung inner-

und außerhalb seiner Organisation aufmerksam zu machen und sie zu empfehlen, während antiaufklärerisches Schrifttum strikt abgelehnt werden sollte. Die Literaturpropaganda umfaßte den gesamten Wirkungsbereich der deutschen Aufklärung. Bahrdt wollte überall in Deutschland eine Unionsloge, die aus ihrer Mitte einen Leseklub organisieren sollte, wobei die Buchhändler in der Leitung der Lesegesellschaft als Fachleute die sachgemäße Organisierung des Buchvertriebes und -verleihs garantieren sollten. Diese Ziele waren jedoch sehr schwer zu realisieren.

Die Organisation der Leseklubs wurde im „Geheimen Plan der Deutschen Union" von 1788 geregelt. Dabei handelte es sich um ein drittes Programm, das die maßgebenden Persönlichkeiten des Bundes erhielten. In der einleitenden Übersicht wird der geheime Bund als Vereinigung von Autoren und Lesern charakterisiert und als „eine stille Verbrüderung des schreibenden und lesenden Publikums" bezeichnet, „deren letzter Zweck ein Geheimnis bleibt". Die wichtigsten Anliegen der Union umfaßten die „Vervollkommnung der Wissenschaften", die „Verbesserung der Erziehung" und die Förderung „gemeinnütziger Talente". Diese Ziele und die Hierarchisierung in verschiedene Grade verdeutlichen den Einfluß der Freimauerlogen, die neben den allgemeinen humanitären Vorstellungen der Aufklärung besonders der Selbsterziehung und Vervollkommnung der menschlichen Persönlichkeit große Bedeutung beimaßen.

Ab September 1788 gab Bahrdt einigen Vertrauten seinen „Geheimsten Operationsplan" zur Durchsicht. Darin wurde als letzter Zweck der Union die „Entthronung des Despotismus und Entfesselung der Menschheit" hervorgehoben, eine eindeutige Anspielung auf den notwendigen Sturz der Fürsten. Durch diesen antimonarchischen Zug unterschied sich die Union deutlich von anderen Geheimgesellschaften, wie z.B. von den Illuminaten und Rosenkreuzern. Die Personalunion zwischen dem Vorsitzenden der geheimen Bruderschaft und dem Direktor der geheimen Lesegesellschaft blieb auch hier bestehen. In diesem letzten Plan traten besonders die freimaurerischen Strukturen des Bundes deutlich hervor: „Der Meister (vom Stuhl) hat als Vorsteher an seinem Orte zugleich die Lesebibliothek zu besorgen."

Bahrdt selbst wurde im April 1789 auf Befehl König Friedrich Wilhelms II. wegen seiner aufklärerischen Aktivitäten und einer Satire gegen die preußische Reaktion verhaftet. Die Regierungen deckten infolge von Denunziationen und Indiskretionen durch Briefkontrollen und Enthüllungsschriften die Deutsche Union auf. Minister Wöllner drohte Bahrdt sogar den Tod an. Nach dem Ausbruch der Französischen Revolution schlug Wöllner jedoch eine andere Taktik ein und empfahl dem König Bahrdts Begnadigung, um den Gefangenen nicht zum Märtyrer zu machen. Daher ließ man die Anklage auf staatsgefährdende Geheimbündelei fallen und verurteilte Bahrdt zu einer Festungshaft. In der Urteilsbegründung wurde das „Verbrechen der Majestätsbeleidigung" hervorgehoben, der Geheimbund aber gezielt heruntergespielt. Dabei dienten vor allem die Freimaurerlogen und Lesegesellschaften zur Rechtfertigung des Freispruchs bezüglich der Deutschen Union. Bahrdt wurde zur Verbüßung seiner Strafe auf die Festung Magdeburg gebracht, wo auch andere Oppositionelle eingekerkert waren. Als er 1790 nach einem Jahr und drei Monaten Gefängnis aus der Haft entlassen wurde, war er in seiner radikal-aufklärerischen Haltung ungebrochen. Unter dem Einfluß der revolutionären Ereignisse in Frankreich wurde er sogar zum radikalen Demokraten.

Noch auf der Festung beendete er am 1. Mai 1790 seine vierbändige Autobiographie, die 1790/91 an fünf Orten erschien. Die wichtigsten politischen Kampfschriften gegen die Wöllner-Reaktion kamen zwischen 1790 und 1792 heraus, in denen Bahrdt den Absolutismus und die Monarchie kritisierte und gegen Korruption, Mätressen- und Günstlingswirtschaft, gegen Unterdrückung und Aussaugung des Volkes polemisierte. Diese Schriften sind vor dem Hintergrund der Französischen Revolution zu sehen. Über den Sturz der Monarchie hinaus verlangte nun Bahrdt sogar eine Demokratie. Das Volk sei nicht nur zur Revolution gegen schlechte Regierungen verpflichtet, sondern sollte auch selbst die Macht übernehmen. Mit der Französischen Revolution teilte seine Staatslehre auch die Grundforderung nach Verwirklichung der Menschen- und Bürgerrechte.

Die Carbonari
Waren die italienischen Geheimgesellschaften vor der Französischen Revolution noch stark der Ideologie der Aufklärung verpflichtet, so wurden sie nach dem Sturz Napoleons politischer und spielten künftig besonders in der italienischen Nationalbewegung eine Rolle. Der „Köhler-Bund", die „Carboneria", entstand in Italien höchstwahrscheinlich durch rückwandernde Flüchtlinge, die in Frankreich oder in der Schweiz von den „Fendeurs" (Holzfällern) gehört hatten oder vielleicht auch Mitglieder dieses Bundes waren. Möglich wäre auch, daß die Carboneria in Süditalien mit den „Charbonniers" der Franche Comté in Verbindung stand. Schon 1797 mußte sich der neapolitanische Polizeiminister Salicetti mit einer „Verschwörung" befassen, die er als „carbonaristisch" bezeichnete.

1809 schlossen sich die verstreuten Einzelgruppen der Carbonari-Bewegung in einer ersten Hauptloge („vendita") in Capua zusammen. Joseph Bonaparte und Joachim Murat könnten die Carboneria nach Süditalien gebracht haben. Pierre Joseph Priot, einer der politisch engagiertesten alten Jakobiner, hatte sich schon in Frankreich für ein geeintes Italien eingesetzt. Als Kommissar der französischen Regierung auf Elba entfaltete er ein besonderes Interesse für die Armen und Benachteiligten, wurde in Italien bald in Chieti Intendent der Abruzzen und dann in Cosenza Intendent Kalabriens. In beiden Städten übernahm er die höchsten Ämter der Freimaurerei. In Frankreich war er Mitglied der „Société secrète des Bons Coucins Charbonnier", die in der Franche-Comté wirkte. Vielfach wurde Priot als der eigentliche Gründer der neapolitanischen Carboneria angesehen, weil die ersten „Geschäfte" der Bewegung mit seiner Ankunft in den Abruzzen und in Kalabrien entstanden.

Die Carboneria verbreitete sich schnell unter den Kleinbürgern und Handwerkern der Haupt- und Provinzstädte. Zu dieser raschen Verbreitung trug sicher das einfache Ritual bei, das auf den christlichen Glauben und der Verehrung des hl. Theobald, des Schutzheiligen der Kohlenhändler, aufbaute. Die Sektionen der Organisation bezeichnete man als „Geschäfte". Sie unterstanden sogenannten „Muttergeschäften", die ihrerseits von einem „hohen Geschäft" mit Sitz in Salerno oder Neapel abhingen. Es gab die Grade des Lehrlings und des Meisters, die ein philanthropisches, unabhängiges und konstitutionelles Programm vertraten. Noch vor 1818 kam ein dritter Grad – der Großmeister der Carboneria – hinzu, der aber nur wenigen Auserwählten vorbehalten blieb. Dieser Grad propagierte die Landverteilung (lex agraria) und die Gütergemeinschaft. Wegen seiner politischen Stoßrichtung erregte dieses Programm Aufsehen und erzeugte auch Unruhe in den eigenen Reihen, so daß dieser Grad zurückgenommen werden mußte. An seine Stelle traten sieben Grade nach dem Vorbild der Freimaurerei und ein neuer Geheimbund, der sich „Guelvia" nannte. Dieser Bund entstand mit der Absicht, dem ursprünglich radikalen Programm des dritten Grades entgegenzuwirken. Von Neapel aus verbreitete sich die Carboneria im Kirchenstaat, in der Emilia, in der Toskana, in Ligurien, in Piemont und entlang der Seehandelsroute Neapel–Porto Ferraio–Livorno–Genua.

Die napoleonischen Logen wurden mit der Ankunft der Österreicher in Lombardo-Venezien sofort geschlossen. An ihre Stelle trat jedoch eine Reihe neuer Geheimorganisationen mit politischer Zielsetzung. Im Norden waren es vor allem die von Buonarroti aus Genf angeführten „Adelfi" und im Süden Italiens der Geheimbund der Carbonari. Neben diesen beiden Organisationen existierten kleinere Bünde, die zum Teil selbständig oder auf Initiative der beiden großen Gruppen entstanden. Diese bedienten sich der kleineren Bünde, um eigene Aktivitäten zu verschleiern und den Verfolgungen der Polizei zu entgehen.

So gab es verschiedene Organisationen, wie z.B. die der

„Spillanera", der „Cavallieri del Sole" und der „Decisi", deren Mitglieder nicht wußten, daß sie von größeren Bünden gelenkt wurden. Sie alle verfolgten ein klar umrissenes Ziel: die Errichtung einer Republik oder konstitutionellen Monarchie und die Freiheit sowie Unabhängigkeit vom Ausland. Nach dem Sturz Napoleons bemühten sich die „Adelfi" in Piemont um eine Rückkehr des Herrschers und Buonarrotis, bisher ein entschiedener Gegner Napoleons, und unterstützten von Genf und Grenoble aus die Einberufung von Freiwilligen gegen die wiedereingesetzten Bourbonen. Gleichzeitig formierte sich in der Lombardei die erste Verschwörung gegen Österreich, die vor allem von Offizieren des aufgelösten napoleonischen Heeres getragen wurde und bei der sich erstmals die Gesellschaft der „Centri" hervortat, die den Sturz des österreichischen Gouvernements und die Errichtung einer Monarchie unter Murat oder Viktor Emanuel I. von Savoyen ins Auge faßte. In Italien blieb die politische Situation, wenn man von einigen kleineren Umsturzversuchen absieht, bis zu den großen Unruhen 1820 und 1821 ruhig.

In Neapel erreichten die unzufriedenen Aufständischen 1820 durch eine von der Carboneria angeregte friedliche Massenkundgebung vom König die Bewilligung einer Konstitution. Die Erhebung der Carbonari unter General Pepe war vor allem gegen die Mißwirtschaft König Ferdinands I. gerichtet. Die Aufständischen wollten eine Landesreform und versuchten, die Unruhen auf das übrige Italien auszuweiten. Um dieses Ziel zu erreichen, reisten Emissäre nach Piemont, in die Lombardei und in den Kirchenstaat. Der Umsturz, anfänglich erfolgreich, wurde später von der österreichischen Armee niedergeschlagen, wobei mitentscheidend war, daß das konstitutionelle Parlament in Neapel mehrheitlich aus gemäßigten, alten Anhängern Murats und reichen Großgrundbesitzern zusammengesetzt war, die die politische Macht mit dem Monarchen teilen wollten und den Reformvorstellungen der Carbonari eher skeptisch gegenüberstanden. Zur selben Zeit brach auch in Piemont eine Revolte aus, um die fremde Besatzung aus Italien zu vertreiben; sie scheiterte aber, da schon sehr früh Kontroversen unter den Aufständischen ausgebrochen waren. Die Unruhen beunruhigten die Herrscher der Heiligen Allianz in hohem Maße, so daß harte Strafmaßnahmen und Prozesse gegen die Geheimorganisationen folgten. Besonders die Prozesse gegen die Geheimbünde in Lombardo-Venezien deckten die Reichweite des Netzes der „Adelfi" und „Federati" auf. Ein schwerer Schlag traf Filippo Buonarroti und seine Organisation, als ein Beauftragter in Mailand verhaftet wurde und das gesamte dokumentarische Material in die Hände der Polizei fiel. Buonarroti wurde daraufhin aus Genf ausgewiesen und flüchtete nach Brüssel. Auch im Kirchenstaat und im Reich beider Sizilien ging die Polizei massiv gegen die Geheimbünde vor. Die Carboneria in Süditalien konnte aber, wie die weitere Entwicklung zeigte, nicht zerschlagen werden.

Schon gegen Ende der 20er Jahre machten sich in Ober- und Mittelitalien erneut umstürzlerische Bewegungen bemerkbar. 1827 begann Mazzini seine Tätigkeit in der Carboneria als Sekretär des „Geschäfts" „La Speranza" in Genua. Er breitete sein Verbindungsnetz von Genua bis in die Toskana und in die Lombardei aus. Auch in Piemont hatten Gruppen der Carboneria mit Exilierten Kontakt aufgenommen, die im Ausland zum Teil alte Organisationen der Carboneria wiederaufbauten, teils neue Organisationen gründeten und in Brüssel in enger Verbindung zu Buonarroti standen. Unter den wiedererrichteten Geheimbünden überwog die Carboneria, mit der die Erinnerung an den Aufstand in Neapel 1820 eng verbunden blieb. Beim Ausbruch der Juli-Revolution 1830 eilte Buonarroti nach Paris, wo er mit den Revolutionären Kontakt aufnahm. Gemeinsam mit anderen Emigranten gründete er Anfang 1831 die „Giunta liberatrice italiana", die ein geeintes Italien unter dem Zeichen demokratischer Freiheiten anstrebte. Auch in Mittel- und Norditalien kam es nun zu Aufständen. In Genua wurde von der Polizei eine Verschwörung der Carboneria aufgedeckt, ihr führender Kopf, Mazzini, konnte dabei verhaftet werden. Weitere Unruhen brachen in Florenz und in Modena aus, doch alle diese Aufstände wurden, wie schon vorher, durch den österreichischen Eingriff und strenge Polizeimaßnahmen niedergeschlagen.

Zahlreiche Patrioten fanden in Frankreich Exil, von wo aus sie auf eine Wiederaufnahme der revolutionären Aktivitäten hofften. Mazzini plante während seiner Gefängniszeit eine neue Vereinigung, die, um den Nachstellungen der Polizei zu entgehen, auf die bisher erprobten Methoden der Geheimgesellschaften verzichten sollte. Er war der Überzeugung, daß Riten und Zeremonien einem offenen Gespräch aller Mitglieder im Wege stünden. Sein Motto lautete: „Überlegung und Aktion". Als er sich 1831 entweder für einen Zwangswohnsitz oder fürs Exil entscheiden mußte, wählte er letzteres und ging nach Marseille, wo er die Vereinigung „Giovine Italia" gründete. Ihr Programm umfaßte den Kampf für ein von Fremdherrschaft befreites Italien und eine durch ein allgemeines Wahlrecht errichtete einheitliche demokratische Republik. Das „Junge Italien" trug bereits Züge einer modernen politischen Partei und verdrängte langsam die Carbonari-Bewegung in Italien. Buonarroti, der zunächst mit dieser neuen Vereinigung zusammenarbeiten wollte, leitete aufgrund ihres Erfolges gezielte Gegenmaßnahmen ein und gründete eine neue, nur für Italien bestimmte Geheimorganisation („Veri Italiani"), die zwar auf die äußeren Formen der Carboneria verzichtete, dennoch aber an den Grundsätzen einer geheimen Lenkung und eines sozialrevolutionären Umsturzes festhielt. Diese Neugründung hatte zudem die Aufgabe, der italienischen Nationalbewegung eine sozialistische Prägung zu geben. Die Unterschiede der beiden Organisationen und ihrer Mentoren, Mazzini und Buonarroti, traten dabei immer deutlicher hervor und steigerten sich bis zum offenen Bruch 1833.

Vierter Teil:
Freimaurerei, Politik, Kirche und Antimasonismus

1. Freimaurerei, Staat und Politik

Die Beziehung der Freimaurerei zum Staat ist bereits in den „Alten Pflichten" festgelegt, wo es heißt: „Ein Maurer ist ein friedfertiger Unterthan der bürgerlichen Gewalten, wo immer er auch wohnt und arbeitet, und läßt sich nicht in Zusammenrottungen und Verschwörungen gegen den Frieden und die Wohlfart des Volkes ein, noch beträgt er sich pflichtwidrig gegen die Unterobrigkeiten. Denn, gleichwie Krieg, Blutvergiessen und Unruhen der Maurerei immer nachteilig gewesen, also waren auch von Alters her Könige und Fürsten sehr geneigt, die Zunftmitglieder wegen ihrer Friedfertigkeit und Bürgertreue aufzumuntern, so den Spitzfindigkeiten ihrer Gegner thatsächlich begegnend und die Ehre der Brüderschaft befördernd, die immer in Friedenszeiten blühte" (Die Alten Pflichten II). Ausdrücklich wird darauf hingewiesen, daß die Brüder besonders verpflichtet seien, den Frieden zu fördern, die Eintracht zu pflegen und nach Einigkeit und Bruderliebe zu streben. In diesem Sinne ist die Freimaurerei eine Stütze des Staates, was aber nicht bedeutet, daß sie Verstöße gegen die Humanität akzeptiert. Der Staat hat sich allerdings zur Freimaurerei in verschiedener Weise verhalten. Er verbot sie, er duldete oder beschützte sie. Das staatliche Verbot hing vor allem mit der Stellung der katholischen Kirche zur Freimaurerei oder mit absolutistischen und totalitären Regimen zusammen.

Die Freimaurerei ist zwar als Organisation mit Ausnahme des Grand Orient de France unpolitisch, den einzelnen Mitgliedern steht es aber frei, sich aktiv politisch zu betätigen. Immer wieder zeigte sich jedoch in der Geschichte der Freimaurerei, daß sie durch ihre Ziele und das humanitäre Verhalten ihrer Mitglieder in der Gesellschaft indirekt politischen Einfluß nahm. So hat die Freimaurerei als gesellschaftliche

Formation die Aufklärung mitgeprägt. Beide stellten mit ihren strukturellen Gemeinsamkeiten eine spezifische Antwort auf das System des Absolutismus dar. Verschiedene Gruppen, wie der antiabsolutistische Adel, das finanzkräftige Bürgertum und die Philosophen, die sozial anerkannt, aber teilweise ohne politischen Einfluß waren und in den bestehenden Einrichtungen des absolutistischen Staates keinen adäquaten Raum fanden, trafen sich an Orten, wie an der Börse, in Bibliotheken und literarischen und gelehrten Gesellschaften, um Kunst, Kultur und Wissenschaft zu betreiben. Versuche dieser Gruppen, eine selbständige politische Tätigkeit zu entwickeln, scheiterten am Staat, der seine Ordnung in Frage gestellt sah. So blieb letztlich als einzige Institution, die sowohl dem absolutistischen Herrschaftsanspruch entsprach und ihm gleichzeitig auch entging, die Freimaurerei. Sie stellte eine für das neue Bürgertum „typische Bildung einer indirekten Gewalt im absolutistischen Staat" (Reinhart Koselleck) dar.

Die Freimaurer haben sich einen geistigen Innenraum geschaffen, den sie bewußt von der Außenwelt abzuschirmen versuchten. Die Möglichkeiten der „königlichen Kunst", den unbehauenen Stein zu polieren und damit die Mitglieder auf die Stufe des Lichts zu heben, wiesen eine weite Skala auf, die von rationalen Plänen des sozialen Zusammenlebens bis zu mystischen Vorstellungen reichte. Die Freimaurerei war geprägt von rationalen Erweckungen alter Mysterien und einer eigenständigen Hierarchie unabhängig von Kirche und Staat. Sie stellte eine neue, der bürgerlichen Gesellschaft entsprechende Organisationsform dar. Sozialontologisch hat dies Lessing in seinem Freimaurer-Gespräch zwischen „Ernst und Falk" etwas überspitzt zum Ausdruck gebracht. Darin tritt besonders die soziale und gesellschaftliche Funktion der Logen hervor. Die Bürger integrierten den sozial anerkannten, aber politisch zum Teil entrechteten Adel und schufen damit eine Grundlage zur Zusammenarbeit auf der Basis sozialer Gleichberechtigung. In den Logen wurden alle ständischen Unterschiede verwischt. Damit richtete sich zwar die Freimaurerei gegen das bestehende Sozialgefüge im Absolutismus, stand aber noch in keinem grundsätzlichen Widerspruch zum absolutistischen Staat. In den Logen war die soziale Gleichheit eine Gleichheit außerhalb des Staates. Der Freimaurer verstand sich in der Loge nicht als Untertan der Staatsgewalt, sondern als Mensch unter Menschen. Diese Freiheit vom Staat war wohl das eigentlich Politische in der Freimaurerei, denn ihre Unabhängigkeit und Freiheit konnte sie nur in jenem Bereich verwirklichen, der nicht unter dem Einfluß der politischen und kirchlichen Instanzen stand. Ihr „Arkanum" hatte daher auch eine entscheidende Schutzfunktion vor der Kirche und dem Staat. Dieser Funktion entsprach auf geistiger Ebene die Trennung von Moral und Politik, die schon 1723 in den „Alten Pflichten" festgelegt wurde. Hinter der Abwendung von der herrschenden Politik stand die Absicht, über die bestehenden Parteien hinaus eine neue soziale Einheit zu bewirken, doch zeigte sich in der Praxis sehr rasch, daß einzelne Logenmitglieder enge Verbindungen mit der Politik eingingen und in ihre Dienste traten.

Die bürgerliche Freiheit im absolutistischen Staat konnte sich nur verwirklichen, solange sie sich auf einen abgeschirmten Innenraum beschränkte. Das Bürgertum und der Adel wuchsen zwar aus diesem Innenraum heraus und konsolidierten sich in privaten Gesellschaften, blieben aber durch den Charakter der Freimaurerei eingegrenzt. Die gemeinsame Teilnahme am „Arkanum" gewährleistete die Gleichheit der Brüder und glich die ständischen Differenzen aus. Durch die Trennung von der Außenwelt und die kritische Einstellung zur bestehenden sozialen, religiösen und staatlichen Ordnung entstand so eine neue Elite. Diese Trennung zwischen einem weltlichen Außenraum und moralischen Innenraum wurde schließlich auf die Gesellschaft selbst übertragen und im Hinblick auf Führungsaufgaben differenziert. Die verschiedenen Grade (Erkenntnisstufen) schufen ein Schleusensystem, das nach innen und innerhalb der Systeme nach oben hin offen war, nicht aber nach unten und außen.

Das große Gewicht der Freimaurerei seit dem 18. Jahrhundert zeigte sich neben ihrer Bedeutung als „Sozialinstitut der moralischen Welt" auch darin, daß mehrere Staatsmänner den Logen beitraten, weil die Freimaurer mit ihrer moralischen Zielsetzung zwangsläufig auch die Sphäre der staatlichen Politik berührten. Der Freimaurerei kam wegen ihrer sozialen Gruppierung das Gewicht einer indirekten Gewalt im absolutistischen Staat zu. Sie hatte zwar direkt nicht mit der Politik zu tun, doch bedrohte ihre indirekte Gewalt die Souveränität moralisch.

Die Freimaurerei hat einen nicht unwesentlichen Einfluß auf die „Erosion der höfisch-aristokratischen Standeskulturen" und auf die Entstehung einer neuen bürgerlichen Oberschichtenkultur ausgeübt. Aufklärung und Geheimnis waren im freimaurerischen Verständnis kein Widerspruch. Das Geheimnis enthielt „als eine organisatorische ... wie symbolisch-kulturelle Größe" bestimmte „soziokulturelle Transformationspotentiale", die im Rahmen des Strukturwandels von der feudalen zur bürgerlichen Gesellschaft für das Bürgertum und für Teile des Adels emanzipatorische Aspekte aufwiesen.

Dazu kam noch ein in Ansätzen entwickeltes demokratisches Potential in den Logen, das sich nicht nur in der ständischen Nivellierung, in der Verwirklichung der gesellschaftlichen Gleichheit in den Logen und im humanen Prinzip „Mensch unter Menschen" manifestierte, sondern auch in der Selbstordnung und Selbstverwaltung, in der relativ stark ausgeprägte Formen der Willensbildung erkennbar waren, und im offenen Bekenntnis zur Demokratie, das gegen das real bestehende politische System und gegen den ständisch aufgebauten Staat gerichtet war. So heißt es z. B. in der Verfassung der Provinzial- und Großloge von Österreich 1784:

Grundsätze

I.

Die Maurerei in ihrer Verfassung und dem Verhältnisse der (Logen) gegenüber ist eine demokratische Vereinigung und jede (Loge) eine Demokratie.

II.
Die gemeinschaftliche Beschäftigung derselben
ist Wohltätigkeit im ausgebreitetsten Verstande.

III.
Die Lehre von den Mitteln zur Wohltätigkeit und der Art,
sie auszuüben, ist die Ordenslehre, in den dem Orden eigenen
Zeichen, Hieroglyphen und Symbolen aufbewahrt.

IV.
Die Bestimmung des Verhältnisses der (Logen) gegen einander
und zum Orden, macht die Ordensgesetze aus –
die besondere Verfassung einer (Loge) wird durch
(Logen)Gesetze bestimmt.

V.
Die demokratische Vereinigung im Ganzen mengt sich
nicht in die innere Verfassung der einzelnen Teile, insoweit
solche mit den Grundsätzen des Ganzen nicht streitet. –
Auf gleiche Art haben auch die Ordensgesetze dasjenige
nicht zu bestimmen, was das innere einer Loge betrifft,
insofern es auf das allgemeine keinen Einfluß hat.
Die (Logen) Gesetze gehören also nicht
in das Ordensgesetzbuch...

(Verfassung der Provinzial- und Großloge von Oesterreich,
1784, Wien 1877, S. 8 ff.).

In dieser Verfassung, die eine wichtige Vorstufe späterer demokratischer Konstitutionen bedeutet und in der deutlich demokratische Ansätze der politischen Spätaufklärung erkennbar sind, geht das Bemühen der Gesetzgeber hervor, Willkürtendenzen der Großen Landesloge, die 1784 in Wien gegründet wurde, zu verhindern und die Autonomie der Einzellogen und ihrer Mitglieder zu sichern.

Die zahlreichen freimaurerischen Logenordnungen und -satzungen enthalten häufig Hinweise, daß der Zweck des Freimaurerbundes die „Darstellung der Menschheit als eines weder durch Unterschied der Confession, der Nationalität, des Stammes, der gesellschaftlichen Stellung noch auch des materiellen Besitzes..." ist.

Die demokratischen Ansätze zeigten sich auch im freimaurerischen Postulat der natürlichen Gleichheit aller Menschen, das allerdings im Gegensatz zur faktischen gesellschaftlichen Ungleichheit stand, die aber von den Aufklärern in der Regel als zwangsläufig hingenommen wurde. Deren Einstellung änderte sich erst nach 1789, denn nun glaubte ein Teil der Freimaurer, daß die Gleichheit auch im realpolitischen Raum durchgesetzt werden müsse, um den freimaurerischen humanitären Zielen zum Durchbruch zu verhelfen. Der Weg ist allerdings ambivalent: einige blieben noch im Rahmen aufklärerischer Reformen, die radikaleren Logenmitglieder lehnten aber die revolutionäre Veränderung nicht prinzipiell ab. Bei den liberalen Aufklärern wurden allerdings auch nach 1789 die politischen Konsequenzen noch weitgehend verschwiegen, weil sie nur schwer durchgeführt werden konnten.

Die Statuten gaben allerdings noch keine Garantie, daß das gesellschaftliche Leben konfliktfrei ablief, zumal es in der Freimaurerei und insbesondere in den Hochgraden auch starke Oligarchisierungstendenzen und eine z.T. restriktive Mitgliederpolitik gab. Letztlich blieb jedoch entscheidend, daß jede strukturelle Veränderung die Zustimmung der Mehrheit aller Mitglieder erforderte. Die Satzungen garantierten die Gleichheit der Brüder, bei denen Stand, Herkunft und Konfession keine entscheidende Rolle mehr spielten. Damit wurde erstmals die Möglichkeit geschaffen, daß Menschen aus verschiedenen Ständen und Berufen in der Loge die gleiche Stimme besaßen und ihre Meinung frei äußern konnten. Dies war aber nicht gleichbedeutend mit Gleichheit in der öffentlichen Gesellschaft, wo die ständischen Unterschiede weiterhin erhalten blieben.

In der Öffentlichkeit wurde und wird die Freimaurerei in Überschätzung als politisch einflußreiche Organisation gesehen. Auch die Existenz der Logen wurde politisch bewertet. In der Umsetzung freimaurerischer Ziele haben sich Brüder im Laufe der Geschichte immer wieder für Menschenrechte, für

Menschenliebe und Toleranz eingesetzt und dies unabhängig von Religion, Rasse, Klasse, Volks- und Staatsangehörigkeit. Mit dieser Einstellung hat sie totalitäre und dogmatische Systeme irritiert. Der Grand Orient de France verstand sich immer als politische Maurerei, weshalb dort kein Politikverbot galt. Auch deshalb wurde diese Obedienz vom englischen Großlogen-System als irregulär angesehen. Generell muß man jedoch feststellen, daß die Freimaurerei nie die Macht im Staate oder gar die Weltherrschaft angestrebt hat, wie häufig in antimasonischen Schriften behauptet wurde. Die Freimaurerei ist auch kein Faktor in der Tagespolitik. Sie ist als Organisation unpolitisch, weil sie in die Politik nicht eingreift, aber durch ihr immanentes Verhalten und ihre humanitären Vorstellungen empfindet sie den Ist-Zustand einer Gesellschaft als unzureichend. Auf diese Weise kann man sie als indirekt politische Gemeinschaft verstehen, zumal sie ihren Prinzipien gemäß an einer Vermenschlichung der Gesellschaft, am Bau des Tempels der allgemeinen Menschenliebe, arbeitet.

2. Freimaurerei und Kultur

Die Bedeutung der Freimaurerei für die kulturelle Entwicklung ist heute unbestritten. In England nahmen die Werkleute der alten Bauhütten schon im 17. Jahrhundert immer mehr adelige Gönner und Naturwissenschaftler auf, wodurch die Substanz so verändert wurde, daß um 1700 die Handwerker bereits ganz zurückgedrängt waren. Bei den „accepted Masons" fällt besonders der enge Zusammenhang mit der „Royal Society", der englischen Akademie der Naturwissenschaften, auf. Daraus erklärt sich das starke Interesse an exakten Wissenschaften und das Streben nach Toleranz. In diesem Zusammenhang muß der aus Frankreich vertriebene Jean-Théophile Désaguliers, der Sohn eines Pastors aus La Rochelle, genannt werden. Er war anglikanischer Priester und als profilierter Naturforscher auch Mitglied der „Royal Society". Im Jahre 1719 wurde er dritter Großmeister der englischen Großloge, beeinflußte die „Konstitutionen" des James Anderson und konnte als Kaplan des Prinzen von Wales zunächst den Hochadel und später auch Angehörige fürstlicher Häuser für den Bund gewinnen, wie z. B. 1731 Franz Stephan von Lothringen. Der Presbyterianerpastor Anderson erhielt von der englischen Großloge den Auftrag, die Redaktion ihrer Konstitution zu übernehmen. Stellt der erste Teil über die historische Entwicklung ein „Phantasiegewebe" dar, das zu häufigen Spekulationen führte, so ist der zweite Abschnitt, der die Grundgesetze der Freimaurerei enthält, über die Systeme hinweg auch heute noch die Grundlage der Freimaurerei.

Der zweite Schotte, Andrew Michel Ramsay, hielt 1737 in Paris als Redner der Großloge von Frankreich einen Vortrag, in dem die Bedeutung Schottlands für die Freimaurerei betont und eine Brücke zu den Ritterorden hergestellt wurde. Damit hat er die etwas später in Frankreich entstandenen Hochgrade entscheidend angeregt. Darüber hinaus trat er aber auch für eine gemeinsame Arbeit der Freimaurer an einer allgemeinen Enzyklopädie ein, die das Geistesgut der Aufklärung und den damaligen Wissensstand zusammenfassen und verbreiten sollte. Das Gebot der „Alten Pflichten", Religion und Politik auszuklammern, hat sicher dazu beigetragen, den Kreis der Anhänger zu erweitern und ihre Meinungsfreiheit zu sichern. Für die Kulturbeziehungen wurde vor allem die Internationalität des Bundes wichtig.

In Frankreich waren zahlreiche Freimaurer an der Verbreitung der Aufklärungsbewegung beteiligt. Das bedeutsamste wissenschaftliche und kulturelle Werk, an dem Freimaurer aktiv beteiligt waren, bildete die Enzyklopädie, die nach dem Muster des englischen Vorbildes von Chambers angeregt wurde. Aus der Zusammenarbeit an diesem großen Vorhaben ergab sich bei den Mitarbeitern ein weitgehender Konsens in Fragen der Religion, Ethik und der Staatswissenschaften. Aus dem Kreise der Enzyklopädisten entstand schließlich in Paris die Loge „Les Neuf Soeurs", die auch als „Philosophenloge" bezeichnet wurde. In Wien wurde die Loge „Zur wahren Eintracht" unter Ignaz von Born ein kulturelles Zentrum von großer Ausstrahlung. Born zählte zu den markantesten freimaurerischen Persönlichkeiten der josephinischen Zeit. Aus seiner Loge wollte er einer Art freimaurerische Akademie der Wissenschaften machen. Schriftsteller, Künstler, Wissenschaftler und Musiker drängten in diese Bauhütte, die alles umfaßte, was damals in Wien Rang und Namen aufwies. In dem von ihr herausgegebenen „Journal für Freymaurer", das große Ausstrahlung hatte, entwarf Born das Programm für eine neue geistige Ausrichtung seiner Loge: „Ist Wahrheit, Weisheit und die Beförderung der Glückseligkeit des ganzen Menschengeschlechtes nicht auch der eigentliche Endzweck unserer Verbindung?" (Journal für Freymaurer 1/1,1784). Dieses Journal war eine Organisations- und Korrespondenzzentrale zugleich, erschien von Januar 1784 bis Ende 1786 vierteljährlich und enthielt besonders Vorträge, die in den „Übungslogen" gehalten wurden, sowie Gedichte und Ankündigungen über freimaurerische Angelegenheiten. Born trat für die Errichtung und den Ausbau der erwähnten Übungslogen ein, in deren Rahmen nach der eigentlichen Instruktion über die Moral und die Symbolik auch wissenschaftliche Themen behandelt werden sollten. Dieses Journal diente vor allem der Förderung und Vertiefung des freimaurerischen Selbstverständnisses.

Kultur aus freimaurerischer Perspektive bedeutet die Entfaltung jener menschlicher Fähigkeiten, wie Veredelung und Vervollkommnung der menschlichen Persönlichkeit. Diese besteht vor allem darin, daß der Mensch in immer höherem Maße zur Selbsterkenntnis und Selbstbeherrschung gelangt. Die Freimaurerei kennt auch den wichtigen Begriff der „königlichen Kunst", eine Bezeichnung, die bereits im Konstitutionenbuch von Anderson die Bauwissenschaft als die edelste und vornehmste aller Künste bezeichnet. Später wurde dann die Freimaurerei als königliche Kunst charakterisiert, weil sie die Würde der Grundsätze, die sie einprägt, sehr hoch einschätzt und auch als Lebenskunst versteht. Sie hat in diesem Sinne den Zweck, den Weg aufzuzeigen, wie man das Leben sinnvoll gestalten kann. Hier spielt vor allem die „Ästhetik der Existenz" eine zentrale Rolle. Lebenskunst konstituiert sich nicht über die Befolgung von Normen, sondern über die Haltung des Individuums. Sie bedeutet weiterhin Ausarbeitung des eigenen Lebens in Form eines persönlichen Kunstwerks.

Die Kunst bewegt sich für die Freimaurerei an der Grenze des Wißbaren und bemüht sich, diese Grenze manchmal zu überschreiten und das Ganze sichtbar, hörbar, greifbar und fühlbar zu machen. Die Kunst bindet Freimaurer durch das Problem des Erlebens und des Verstehens. Die starke Affinität zur Kunst wurde häufig mit dem Symbol des „rauhen Steins" verglichen: der Künstler arbeitet am Kunstwerk, der Freimaurer am unbehauenen Stein.

Die kulturelle Bedeutung der Freimaurerei lag und liegt auch heute in erster Linie im Bestreben, möglichst alle Glaubensbekenntnisse und die verschiedenen gesellschaftlich-politischen Auffassungen in toleranter Form zu vereinigen, in der Pflege und Vertiefung der Symbole und Ritualistik und in den Reden, Liedern, Dichtungen, Romanen, Bildern, Gläsern, Keramikarbeiten, Medaillen und Kupferstichen, die z.T. von namhaften freimaurerischen Schriftstellern, Dichtern, Musikern und Künstlern geschaffen wurden. Dazu gehören auch die zahlreichen wissenschaftlichen Initiativen und Aktivitäten von Freimaurern in Gelehrtengesellschaften, Akademien und Universitäten. Auch das Theater als reproduzierendes System spielte in der Freimaurerei in Form des Rituals und der Dramaturgie der rituellen Arbeit eine wichtige Rolle.

Die Freimaurerei hat eine weitausgedehnte Literatur über ihre Lehre, gesetzliche Einrichtung, Geschichte und ihr Brauchtum. Ihr schlossen sich sehr bald Liedersammlungen und auch Streit- und Verräterschriften an. Versuche, diese zahlreichen Publikationen systematisch zu sammeln und zu ordnen, gab es bereits im 18. Jahrhundert, aber erst Johann Georg Kloss ist es gelungen, eine übersichtliche Darstellung zu verfassen. Ein gutes Werk dieser Art ist dann später Reinhold Tautes Bücherkunde geworden. Heute greift die Forschung vor allem auf August Wolfstiegs Bibliographie der freimaurerischen Literatur zurück. Viele bedeutsame Dichter und Schriftsteller, darunter mehrere Freimauer, wie z.B. Lessing,

Goethe, Wieland und Herder, haben in ihren Werken auch freimaurerische Themen behandelt. Ihnen stand der französische Aufklärer Voltaire gegenüber, der über manche seiner Zeitgenossen seinen geistreichen Spott versprühte und kaum dem Idealbild eines philantropischen Logenbruders entsprochen haben dürfte. Daß auch freimaurerische Themen in Theaterstücke aufgenommen wurden, zeigen verschiedene Beispiele aus der Literatur. Auch Bühnendichter und Schauspieler haben, wie z. B. Friedrich Ludwig Schröder, der Theaterdirektor in Hamburg war, die Freimaurerei beeinflußt und insbesondere die Symbolsprache, Lehrarten und Rituale geprägt und reformiert.

Erwähnt werden sollen hier noch abschließend die freimaurerische Musik, die Freimaurergesänge und Tafellieder, die bei den rituellen Arbeiten oder an der weißen Tafel gesungen wurden. Das älteste englische Freimaurerlied von Birkhead ist schon 1720 im Druck erschienen. Vom 18. bis zum 20. Jahrhundert sind dann laufend Liedersammlungen und Bücher herausgekommen. Den kostbarsten Schatz der freimaurerischen Musik lieferte Wolfgang Amadeus Mozart, der neben seiner Oper „Die Zauberflöte" für seine Loge eine Reihe von Einzelgesängen und Kandaten komponierte.

Trotz der hier erwähnten kulturellen Leistungen dürfen keine Überbewertungen und voreiligen Schlußfolgerungen über den Einfluß der Freimaurerei auf die Kultur gezogen werden. Amundsen und Scott waren nicht deshalb zum Südpol aufgebrochen, weil sie Freimaurer waren, und auch Charles Lindbergh hatte nicht aus masonischen Motiven den Atlantik überquert. Oscar Wilde, Mark Twain und André Gide haben nicht nur aus freimaurerischer Motivation geschrieben, und Kurt Tucholsky hätte gewiß auch ohne Logenzugehörigkeit seine Werke verfaßt. Insofern muß die manchmal zu starke Vereinnahmung kultureller Persönlichkeiten für die Freimaurerei relativiert werden. Dies gilt auch für so manchen Politiker.

3. Freimaurerei und Kirche

Zwischen Kirche und Freimaurerei bestand seit dem 18. Jahrhundert eine fast unüberbrückbare Kluft. Die Freimaurerei sah sich von Anfang an Argwohn, Behinderungen und Verfolgungen ausgesetzt. Schon vor der ersten päpstlichen Bulle waren Veröffentlichungen erschienen, die sich scharf gegen die Freimaurerei und Geheimgesellschaften wandten und ihre angeblichen Orgien der Trunksucht und Päderastie anklagten, da an ihren Zusammenkünften Frauen nicht teilnehmen durften. In diesem Klima des Mißtrauens und der Ablehnung befaßte sich das Heilige Offizium im Sommer 1737 mit der Freimaurerfrage. Schließlich erließ Papst Clemens XII. am 28. April 1738 die Bulle „In eminenti" zur Verurteilung der Freimaurerei. Diese beginnt mit den Sätzen: „Von der göttlichen Vorsehung trotz unserer Unwürdigkeit an die höchste Stelle des Apostolates berufen, getreu dem uns anvertrauten Hirtenamt, haben Wir, soweit es Uns durch göttliche Gnade möglich war, mit aller Sorgfalt darüber gewacht, Fehler und Laster auszuschließen, die Reinheit der rechtsgläubigen Religion zu wahren und in diesen so schwierigen Zeiten die Gefahr der Verwirrung aus der katholischen Welt zu verbannen. Durch allgemeines Gerücht haben Wir vernommen, daß gewisse Gesellschaften, Vereinigungen, Bünde, Verbindungen und Konventikel, allgemein Liberi Muratori oder Francs Massons oder in anderen Sprachen auch anders genannt, in denen sich Menschen aller Religionen und Sekten, wenn sie sich nur einer natürlichen Rechtschaffenheit und Wohlanständigkeit befleißigen, untereinander durch einen ebenso engen wie undurchsichtigen Pakt verbinden, Gesetze und Statuten beobachtend, die sie sich selbst geschaffen haben, und in denen sie sich durch einen Eid auf die Bibel und unter Androhung der schwersten Strafen verpflichten, unverbrüchliches Stillschweigen über alles, was sie tun, zu bewahren, weit verbreitet sind und sich mit jedem Tag mehr ausweiten. Da aber das Verbrechen so beschaffen ist, daß es sich selbst verrät, und durch das Zetergeschrei, das es erhebt, entlarvt, haben die obengenannten Gesellschaften oder Winkelversammlungen bei den Gläubigen einen so starken Verdacht erregt, daß ein rechtschaffener und kluger Mensch sich diesen Gesellschaften nicht anschließen kann, ohne sich mit dem Makel der Perversion und des Bösen zu beflecken; denn würden sie nicht Böses tun, so hätten sie das Licht nicht zu scheuen" (zit. nach Charles von Bokor, Winkelmaß und Zirkel. Die Geschichte der Freimaurer, S. 131 f.).

Für die Rechtfertigung dieser Verurteilung wurden mehrere Gründe angeführt:

1. Der Papst befürchtet, daß sich aus der Gesinnung der Freimaurerei, die unterschiedslos Menschen aller Religionen und Sekten aufnimmt, ein religiöser Indifferentismus ergeben könnte.
2. Der Papst ist darüber beunruhigt, daß sich die Freimaurer durch einen Eid verpflichten, strengste Geheimhaltung zu bewahren. Gesellschaften mit geheimen Ritualen, Erkennungszeichen und Mitgliederlisten waren für absolutistische Fürsten jeder Konfession nicht akzeptierbar.
3. Ist die Freimaurerei auch aus anderen nicht konkret angeführten Gründen, die der Papst kennt, aber verschweigt, zu verurteilen.

Über diesen dritten Verurteilungsgrund ist bis heute in der Forschung gerätselt worden.

Alec Mellor stellte in diesem Zusammenhang die These auf, daß der Papst die Stuarts unterstützen und daher mit der Bulle die für die Dynastie Hannover auf dem Festland arbeitenden Logen treffen wollte. Im gesamten gesehen ist die päpstliche Bulle zwar das Resultat theologischer und pastoraler Sorge in Verbindung mit politischen Überlegungen eines absolutistischen Fürsten, im Hinblick auf ihre Quellen aber mehr als zweifelhaft und wegen ihrer Pauschalverurteilung problematisch. Sie wurde nur in den päpstlichen Gebieten in Spanien, Portugal und Polen veröffentlicht und erlangte daher nur dort Gesetzeskraft. Die Regierung von Florenz, die von der Proklamierung in Kenntnis gesetzt wurde, wandte sich an Franz Stephan in Wien, der den Rat erteilte, die Bulle zwar anzuerkennen, aber nicht weiter zu beachten. Auch in Österreich ist sie nicht veröffentlicht worden. Die Geistlichkeit verschwieg sie, obwohl ihr der Inhalt bekannt war. Auch hier dürfte der Einfluß Franz Stephans wirksam geworden sein. 1741 ließ sich Graf Schaffgotsch, Fürstbischof von Breslau, in eine Loge aufnehmen und deklarierte sich ganz offen als Freimaurer.

Zu einer Erneuerung der Verurteilung kam es dann unter Papst Benedikt XIV. am 18. Mai 1751, der die Bulle „Providas" erließ. Die Gründe, die dazu führten, unterschieden sich kaum wesentlich von jenen Papst Clemens XII., mit Ausnahme des juristischen Hinweises auf das Verbot geheimer Zusammenkünfte von Gesellschaften, das damals in bürgerlichen und kirchlichen Gesetzen festgehalten war. Auch diese zweite antifreimaurerische Bulle hatte nur auf der iberischen Halbinsel Folgen. Trotz dieser beiden päpstlichen Verurteilungen und des Edikts von Kardinal Firrao, der die Beziehung der Freimaurerei mit der Exkommunikation „ipso facto" und sogar mit der Todesstrafe ahndete, traten Geistliche den Freimauerlogen bei. Darunter befanden sich nicht nur Angehörige des niederen Klerus, sondern auch Prälaten und Bischöfe.

Schon 1735, drei Jahre vor der ersten päpstlichen Bulle, wurde in den nichtkatholischen Gebieten Holland und Friesland die Freimaurerei verboten. Die Niederländische Republik befürchtete damals, da der Logengroßmeister gleichzeitig auch Schatzmeister des Prinzen von Oranien war, eine Rückkehr der Oranier in das Stadthalteramt. 1740 wurden auch in Schweden vom protestantischen König die Freimaurer-Zusammenkünfte sogar mit Androhung der Todesstrafe verboten. 1782 sandte Joseph de Maistre anläßlich des Konvents von Wilhelmsbad an den Herzog von Braunschweig ein „Mémoire", indem er die vollständige Übereinstimmung der freimaurerischen Esoterik mit der christlichen Lehre bestätigt. Auf diesem Konvent gaben die Freimaurer zur Frage des Verhältnisses zwischen Freimaurerei und christlicher Religion folgende Erklärung ab: „Wir haben beschlossen ... daß der einzige Zweck unserer Gemeinschaft, wie der ihrer Mitglieder ist, sich der Menschheit empfehlenswert und nützlich zu machen durch die aufrichtigste Zuneigung zu den Lehren, Pflichten und Übungen unserer Heiligen Christlichen Religion, durch unsere Unterwerfung und den Gehorsam gegenüber der Obrigkeit und den Gesetzen unseres jeweiligen Vaterlandes, durch eine aufgeklärte und allgemeine Wohltätigkeit im weitesten Sinne, durch eine fortdauernde Ausübung aller religiösen, moralischen, vaterländischen und sozialen Tugenden" (zit. nach Michel Dierickx, Freimaurerei – die große Unbekannte, S. 74). Diese Regeln, die der Konvent bestätigte, weisen auf den engen Zusammenhang zwischen Christentum und Freimaurerei hin, wenngleich diese keine Religion war und daher der Kirche auch keine Konkurrenz machen wollte. Auf praktisch-ethischem Gebiet ergänzte sie sogar mit ihrer Einstellung die Religion. Im 19. Jahrhundert stellten sich dann Kirche und Freimaurerei zum offenen Kampf, der allerdings von seiten der masonischen Gemeinschaft eher als Reaktion auf kirchliche Angriffe eingeschätzt werden muß.

Als Papst Pius VII. 1814 nach dem Sturz Napoleons in den Kirchenstaat zurückkehrte, erließ er erneut gegen den Freimaurerbund und die nationale Freiheitsbewegung der Carbonari wegen Staatsgefährdung eine Bulle. Die Freimaurerei wurde darin mit einem gefährlichen politischen Geheimbund gleichgesetzt. Papst Pius IX. hatte 1864 mit dem Erlaß des Syllabus, eines Verzeichnisses der „hauptsächlichsten Irrtümer unserer Zeit", Pantheismus, Naturalismus, Rationalismus, Indifferentismus und Liberalismus kritisiert. Er bezeichnete die Freimaurerei als „Synagoge des Satans". Das Verhältnis zwischen Kirche und Freimaurerei spitzte sich dann im „Kulturkampf" noch weiter zu. Der Nachfolger Papst Pius' IX., Leo XIII., verdammte in seiner Enzyklika „Humanum Genus" die Freimaurerei als Teufelswerk und beschwor alle katholischen Bischöfe, „diese unreine Seuche" auszurotten.

Intoleranz, Antipathie und engstirniger Dogmatismus herrschte auch in der protestantischen Orthodoxie vor, gegen die schon Lessing polemisiert hatte. Auf der anderen Seite finden sich in den Freimaurerlogen auch zahlreiche evangelische Christen. Das Verhältnis der evangelischen Kirche zur Freimaurerei war entscheidend beeinflußt von der Mitgliedschaft evangelischer Geistlicher in den Logen, die jedoch vorwiegend Anhänger der Aufklärungstheologie waren. Die evangelischen Kirchen betrachten die Religion, in der alle Menschen im freimaurerischen Sinne übereinstimmen, als Ergebnis deistischen Vernunftglaubens. Nach ihrer Überzeugung darf die freimaurerische Humanität aber nicht mit jener des Neuen Testaments verwechselt werden, die allein der Gnade des dreieinigen Gottes entspringt.

Die freimaurerische Toleranz in Glaubensfragen wurde kirchlicherseits schon sehr früh als Bedrohung angesehen und brachte die Freimaurerei nach ihrer Ausbreitung in einen schroffen Gegensatz zum Totalitätsanspruch der Kirche und im 20. Jahrhundert auch zum Fundamentalismus. Verbot und Verfolgung waren die Folgen. Erst mit dem Zweiten Vatikanischen Konzil ließ sich die Kirche auf einen Dialog mit allen Menschen guten Willens ein, und so ergriff sie auch gegenüber der Freimaurerei die Initiative. 1970 wurde eine offizielle Dialog-Kommission gebildet, die gemischt besetzt war und als Ergebnis ihrer Gespräche eine gemeinsame Erklärung herausgab. Am Schluß dieser sogenannten „Lichtenauer Erklärung" stand: „Wir sind der Auffassung, daß die päpstlichen Bullen, die sich mit der Freimaurerei befassen, nur noch eine geschichtliche Bedeutung haben und nicht mehr in unserer Zeit stehen." Der Heilige Stuhl reagierte auf solche Aussagen sehr vorsichtig, wie aus einem Brief des Präfekten der Glaubenskongregation, Kardinal Seper, hervorging, der feststellte, daß die bisher geltenden allgemeinen Gesetze so lange in Kraft bleiben müßten, bis von der zuständigen päpstlichen Kommission für die Reform des kirchlichen Gesetzbuches ein neues kirchliches Gesetz veröffentlicht werde. Im Zuge der hier angedeuteten Prüfung kam es in Deutschland im November 1974 zu einem neuen Dialog auf nationaler Ebene zwischen der katholischen Bischofskonferenz und den Vereinigten Großlogen von Deutschland. Ohne Schlußabstimmung mit ihren freimaurerischen Gesprächspartnern gab die Bischofskonferenz eine „Erklärung" zum Verhältnis zwischen Freimaurerei und katholischer Kirche ab: „...Eingehende Untersuchungen der freimaurerischen Ritualien und Grundüberlegungen wie auch ihres heutigen unveränderten Selbstverständnisses machen deutlich: Die gleichzeitige Zugehörigkeit zur Katholischen Kirche und zur Freimaurerei ist unvereinbar!"

Diese „Unvereinbarkeitserklärung" führte bei den Freimaurern zu enttäuschten Reaktionen, zumal schon zuvor die Bischofskonferenzen in Skandinavien, Großbritannien und in den Niederlanden die Vereinbarkeit anerkannt hatten. Die Vereinigten Großlogen von Deutschland brachten in einer offiziellen Erklärung ihr Bedauern zum Ausdruck, daß der mit der katholischen Bischofskonferenz geführte Dialog mit dieser einseitigen Erklärung beendet wurde.

Sorgte 1980 die „Unvereinbarkeitserklärung" für enttäuschte Hoffnungen, so gab der Vatikan 1981 Anlaß zu neuen Spekulationen. Die „Kongregation für die Glaubenslehre" gab 1981 eine Erklärung ab, in der neuerlich betont wurde, Mitglieder von Vereinigungen der Freimaurer würden nach katholischem Recht exkommuniziert. Die frühere Stellungnahme der Kongregation aus dem Jahre 1974 sei vielfach tendenziös und falsch interpretiert worden. Nach katholischem Recht sei Katholiken nach wie vor unter Androhung des Kirchenbanns verboten, Mitglied einer Freimaurer-Organisation zu sein. In der Öffentlichkeit wurde diese Erklärung als ein klares Abrücken vom Zweiten Vatikanischen Konzil verstanden. Neue Hoffnung kam 1983 auf, als der völlig neu gefaßte und geordnete „Codex Juris Canonici" erschien. Darin ist von Freimaurern wörtlich nicht mehr die Rede, und mit Exkommunikation wird nur mehr der bedroht, der „kirchenfeindlichen Vereinigungen" angehört. Eine „automatische" Exkommunikation von Freimaurern gibt es nicht mehr. Allerdings haben die nationalen Bischofskonferenzen die Möglichkeit, freimaurerische Körperschaften zu „kirchenfeindlichen Institutionen" erklären zu können. Die Reaktion der Gesamtvertretung der Freimaurer in Deutschland war jedoch abwartend und zurückhaltend, weil erst die Praxis zeigen werde, inwieweit in der Bundesrepublik neben das konfessionsübergreifende Toleranzgebot der Freimaurer die Chance einer konfliktfreien Glaubensausübung für katholische Freimaurer tritt.

4. Antimasonismus und Verschwörungstheorien

Geheime Gesellschaften machen Weltpolitik. Diese Feststellung findet sich in zahlreichen literarischen Werken und popularwissenschaftlichen Büchern der esoterischen Welle, die die Hintergrundkräfte der Geschichte seit der Französischen Revolution aufzeigen und ihr Wirken verdeutlichen möchten. Dahinter verbirgt sich die Vorstellung, daß geheime Drahtzieher am Werk sind, welche die Politik gestalten und bestimmen, und daß die Welt von konspirativen Gruppen gelenkt und gesteuert wird. Da die traumatische Erfahrung von militärischer Niederlage und Revolution, bürgerkriegsähnlichen Konflikten und Inflation im 20. Jahrhundert ein allgemeines Gefühl von Unsicherheit und Umbruch hervorrief, setzte die Suche nach möglichen Sündenböcken ein. Die Juden mußten in Verbindung mit den Freimaurern herhalten. Sie und die Logenbrüder waren für diese Rolle besonders geeignet, weil sie als privilegierte Minderheiten galten.

Für das Entstehen der These von der jüdisch-freimaurerischen Weltverschwörung war die Stellung des Judentums in der mittelalterlichen Sozialordnung von entscheidender Bedeutung. Da die Juden aus christlicher Sicht kollektiv für die Hinrichtung Jesu verantwortlich gemacht wurden, gelang ihnen auch die volle Integration in die religiös legitimierte Gesellschaft nicht. Die Folge dieser Entwicklung war, daß die in Gettos verbannten Juden sich auf Kleinhandel, Wechselgeschäft und Geldverleih konzentrierten; alles Berufe, die nach der christlichen Soziallehre nur über ein geringes Ansehen verfügten oder sogar als unchristlich galten. Auf diese Weise wurde der langsam entstehende ökonomisch-soziale Antisemitismus begünstigt, der den christlichen Antijudaismus ergänzte.

Da die in der Freimaurerei entwickelten naturrechtlich aufklärerischen Ideen die soziale und politische Emanzipation der Juden vorbereitet haben, wurden diese nach 1789 aus christlich-konservativer Sicht als Nutznießer und auch als Förderer des Emanzipationsprozesses mißtrauisch betrachtet. In einigen zeitgenössischen Darstellungen wird darauf hingewiesen, daß die Juden „nützliche Werkzeuge" der Sekte der Illuminaten und Jakobiner waren und diese den Haß der Juden gegen die Regierungen Europas skrupellos ausnützte. Wie gut sich der überkommene Antisemitismus zur Provozierung und Steuerung von Aggressionen einsetzen ließ, belegen zahlreiche im Verlauf der gegenrevolutionären Bewegungen verschiedener Revolutionsphasen begangene antisemitische Ausschreitungen. Im Verlauf des 19. Jahrhunderts verdichtete sich der auf die Juden bezogene Verschwörungsverdacht, so daß dieser Züge einer Zwangsneurose annahm. Viele Fakten deuten darauf hin, daß das Grundmuster der später von der rechtsradikalen Agitation aufgegriffenen These von der jüdisch-freimaurerischen Weltverschwörung bereits als Reaktion auf die Französische Revolution entwickelt wurde. Unter dem Einfluß des sozialen Wandels und Säkularisierungsprozesses der bestehenden Herrschaftsstrukturen verdichteten sich Verschwörungstheoreme gegen Freimaurer und Juden, so daß aus der Perspektive der alten Oberschichten und der Geistlichkeit sowie der durch den Industrialisierungsprozeß verunsicherten Mittel- und Unterschichten der soziale Wandel als „Verjudung des christlichen Staates" denunziert werden konnte. Da die Juden auf diese Weise zur Chiffre der Modernität wurden und darüber hinaus wegen der noch immer sehr stark fortwirkenden christlich-mittelalterlichen Dämonologie mit unheimlichen Zügen ausgestattet werden konnten, boten sie sich in besonderer Weise an, in den Mittelpunkt der antimodernistischen und antiliberalen Verschwörungstheorie gerückt zu werden und als Sündenböcke zu fungieren.

Antifreimaurerische Verschwörungstheorie
Es ist heute in der Forschung weitgehend unbestritten, daß die Freimaurerei einen geistigen Einfluß auf die Französische Re-

volution ausgeübt hat. Der gesellschaftliche Wirkungskreis bedeutender französischer Aufklärer und Revolutionäre zeigt dies deutlich. In den Logen versuchten die Anhänger der Aufklärung die gesellschaftliche Gleichheit, das Humanitätsideal und die Idee der moralischen Vervollkommnung zu verwirklichen.

Die Vorbereitung eines geistigen Klimas und einer politischen Atmosphäre, die in einem sehr komplexen Verdichtungsprozeß mehrere Ebenen der Revolution direkt betraf, lief parallel mit der Zunahme aufgeklärter, kritischer Schriften, mit der Institutionalisierung und Organisation der Aufklärung und mit einer gesamtgesellschaftlichen Veränderung, die das Entstehen einer bürgerlichen, politischen Öffentlichkeit begünstigte. Die Freimaurerei war aber als aufgeklärte Organisation nie ausdrücklich revolutionär tätig. Ihr angebliches revolutionäres Wirken ist das Ergebnis der konterrevolutionären, gegenaufklärerischen Agitation und der konservativen Reaktion im Rahmen der sich langsam ausformenden ideologisch-politischen Bewegungen des ausgehenden 18. Jahrhunderts. Daraus wurde in Überspitzung der antifreimaurerischen Propaganda ein Verschwörungssyndrom entwickelt, das bis in unsere Gegenwart wirksam geblieben ist.

Dabei tritt als auffälligste Erscheinung der weitverbreitete Glaube an eine Verschwörung hervor, die den Ausbruch der französischen Staatsumwälzung und die Verbreitung ihrer Ideen in Europa als Werk einer Gruppe von verschwörerischen Revolutionären auszulegen versuchte. Diese Komplott-Theorie von internationalem Ausmaß bot den konservativen Gegnern der radikalen Spätaufklärung und Französischen Revolution eine relativ einfache Erklärung für die Bedrohung der gesellschaftlichen Ordnung in Europa.

Zu ihren profiliertesten Vertretern gehörte der französische Jesuit Abbé Augustin Barruel (1741–1821), der in seiner Vorrede zu den „Denkwürdigkeiten" (erstmals in London 1797 erschienen) die These von einer dreifachen Verschwörung entwickelte:

„1. Viele Jahre vor dieser Französischen Revolution komplottierten Menschen, die sich Philosophen nennen ließen, gegen den Gott des Evangeliums, gegen das ganze Christentum ohne Ausnahme, ohne Unterschied der protestantischen oder katholischen, der englischen oder bischöflichen Kirche. Diese Verschwörung hatte zum wesentlichen Zweck, alle Altäre Christi zu zerstören. Sie war die Verschwörung der Sophisten des Unglaubens und der Gottlosigkeit.

2. In der Schule dieser Sophisten des Unglaubens bildeten sich bald die Sophisten des Aufruhrs, und diese, indem sie mit der Verschwörung der Gottlosigkeit gegen die Altäre Christi noch die Verschwörung gegen alle Thronen der Könige verbanden, vereinigten sich mit der alten Sekte, deren Komplotte das wahre Geheimnis der höheren Grade einiger Zweige der Freimaurerei ausmachten, wo aber nur den Auserwählten der Auserwählten dieses Geheimnis ihres eingewurzelten Hasses gegen die christliche Religion und die Fürsten mitgeteilt wurde.

3. Aus den Sophisten des Unglaubens und der Empörung entstanden die Sophisten der Anarchie, und diese komplottierten nicht mehr gegen das Christentum allein, sondern gegen jede Religion, selbst gegen die natürliche; nicht bloß gegen die Könige, sondern gegen jede Regierungsform, gegen jede bürgerliche Gesellschaft und selbst gegen jede Art des Eigentums. Diese dritte Sekte vereinigte sich unter dem Namen der Illuminaten mit denen gegen Christus und gegen Christus und die Könige zugleich verschworenen Sophisten und (Frei-) Maurern. Aus dieser Koalition der Adepten der Empörung und der Adepten der Anarchie entstanden die Klubs der Jakobiner" (zit. nach Augustin Barruel, Denkwürdigkeiten, 1. Bd.).

Barruel beschreibt drei aufeinanderfolgende Phasen einer weltweiten Verschwörung, deren Abschluß und Gipfel die Französische Revolution gewesen ist: Die erste Phase war bestimmt durch die französischen Aufklärungsdenker, die das Christentum bekämpften, die zweite wurde von den Freimaurern beherrscht, die sich gegen die Monarchie wandten, während die Illuminaten, die in der dritten Phase dominierten, jede Religion, Regierung und gesellschaftliche Ordnung in

Frage gestellt haben. Die Überlegungen Barruels basierten auf mystischen Beobachtungen, irrationalen Einführungszeremonien und einer Vielfalt von echten und unechten Logengraden sowie konstruierten Genealogien, die bereits eindeutig widerlegt wurden.

Der deutsche Pfarrer Johann August Starck, der gleichfalls die Verschwörungstheorie vertrat, kritisierte teilweise Barruels Auffassungen, die ihm zu wenig fundiert erschienen.

Er war Sohn eines lutherischen Pfarrers in Mecklenburg und selbst Freimaurer und legte 1785 in seinem Roman „St. Nicaise" die angeblichen Torheiten der Freimaurer im 18. Jahrhundert bloß. Seine Verschwörungstheorie entwickelte er in den 90er Jahren in verschiedenen Publikationen, die in der Zeitschrift „Eudämonia" erschienen sind, und dann besonders in seinem Werk „Triumph der Philosophie im 18. Jahrhundert."

Seine Kernthese geht davon aus, daß die Französische Revolution die Folge der verderblichen Lehren der aufgeklärten Philosophen und ihrer konspirativen Anhänger war. Zwar stimmt er Barruels pauschaler Verurteilung der Logen nicht zu, doch hätten nach seiner Auffassung viele Bauhütten bedauerliche Schwächen bei der Abwehr der „philosophischen Infiltration", die auch in Deutschland sehr stark war, gezeigt. Besonders kritisiert er jene Logen, die zu „Frontorganisationen" des Illuminatenordens wurden. Der Geheimbund der Illuminaten steht daher auch im Zentrum seiner Verschwörungstheorie, wonach diesem die Entzündung des Funkens gelungen sei, der die Französische Revolution entfacht habe.

John Robison, Professor für Naturphilosophie an der Universität Edinburgh und Sekretär der Royal Society, untersuchte in einem weiteren Verschwörungs-Buch die Freimaurerei, den Illuminatenorden, die „Deutsche Union" und die Jakobiner aus liberalerer Sicht als Barruel und Starck, weil er zwar den Radikalismus ablehnte, gleichzeitig aber die Reste des Feudalismus und der absoluten Monarchie bekämpfte.

Auch in Österreich hat sich im Zusammenhang mit der Ausformung der konservativen Gegenbewegung zur Aufklärung, zum Josephinismus und zur Französischen Revolution der Glaube an eine Verschwörung oder an ein Komplott verbreitet, der den Ausbruch der Französischen Revolution als Werk einer Gruppe von Verschwörern auszulegen versuchte. Zu den profiliertesten Vertretern dieser Richtung gehörten Polizeiminister Johann Anton Graf Pergen sowie der Schriftsteller und Professor Leopold Alois Hoffmann. Pergen, der bereits unter Joseph II. die gefürchtete Polizeihofstelle ausgebaut hatte, sah in ihr ein wirksames Instrument zur Überwachung und Kontrolle der öffentlichen Meinung sowie zur Verhinderung von Aufruhr und Revolten unter den unzufriedenen Bevölkerungskreisen. Die Erweiterung polizeilicher Kompetenzen wurde unter ihm nicht mehr öffentlich bekanntgemacht, sondern nurmehr in Kabinettsverordnungen und geheimen Instruktionen festgehalten. Die Aufklärer und revolutionären Demokraten waren für ihn gefährliche Gegner und die eigentlichen Bedroher monarchischer Ordnung. Pergen sah eine große Gefahr für den Staat vor allem in den Freimaurerlogen, die nach seinen Informationen bedenkliche Revolutionspropaganda betrieben hätten.

Der Wiener Professor für deutsche Sprache, praktische Rhetorik und Geschäftsstil, Leopold Alois Hoffmann, versuchte die Anhänger der Französischen Revolution und die radikalen Josephiner auf eine volkstümlichere Art zu bekämpfen. 1792 gründete er im Auftrag Kaiser Leopolds II. die konservative „Wiener Zeitschrift" mit dem Ziel, die subversiven Elemente aufzudecken. Diesem Periodikum kam für die Entwicklung und Verbreitung der Verschwörungsthese große Bedeutung zu. Hoffmann war selbst Freimaurer, trat aber 1786 aufgrund des „Illuminatenskandals" gegen radikal-aufklärerische Bestrebungen auf. Der Zweck des ihm verhaßten Illuminatenordens umschrieb er mit den Worten: „Untergrabung der Religion der Christen, Umschaffung der Freimaurerei zu einem verderblichen politischen Sistem." Programmatisch heißt es daher auch im „Prolog" der Wiener Zeitschrift: „Sie erschrickt nicht vor der Tollwuth der herrschenden Aufklärungsbarbarei und ihrer falschen Apostel. Sie hat den Muth, die geheimschleichende Bosheit verrätherischer Volksverführer überall, wo sie ihr begegnen wird, ohne Schonung zu entlarven."

Für Hoffmann war die Französische Revolution ein Teil einer weltweiten, von den Illuminaten angezettelten Verschwörung. Ihre lokalen Verästelungen sollten wirkungsvoll bekämpft werden, weshalb er aufgrund seiner früheren freimaurerischen Kontakte eine Liste verdächtiger Freimaurer und Illuminaten erstellte. Kaiser Leopold II. schlug er vor, diese Männer zurechtzuweisen, zu degradieren oder gar zu entlassen. In Überspitzung seiner Verschwörungstheorie gelangte Hoffmann zur Überzeugung, daß Wien von einer radikalen Partei heimgesucht werde, die enge Beziehungen zu den Pariser Jakobinern unterhalte.

Als wirksames Gegenmittel zur Bekämpfung dieser Verschwörer entwarf er Pläne für eine konservativ orientierte Geheimgesellschaft. Um diese Pläne zu realisieren, entwickelte er Vorstellungen, die sich teilweise mit denen des Illuminatenordens deckten, wie zum Beispiel die geheime Anwerbung von Mitgliedern. Sein Assoziationsplan kannte auch geheime Obere mit unbestimmten Machtbefugnissen, klassische Namen, eine Geheimschrift und ausgefeilte Einweihungszeremonien. Er selbst wäre beinahe dem Illuminatenorden beigetreten, den er dann später zum bevorzugten Gegenstand seiner scharfen Kritik machte. Die Mitglieder für die geheime Assoziation sollten durch Triebfedern wie Interesse und Ehrgeiz und eine zweckmäßig geleitete Schwärmerei gewonnen werden. Ziel dieser Assoziation war es, Enthusiasmus der Mitglieder für die gute Sache, den Regenten und den Staat, zum Gemeingeist, „zur Arbeitsamkeit" zu wecken und Druckschriften sowie Zeitungen für die Absicht des Regenten einzusetzen. Die Weiterentwicklung des Planes wurde jedoch durch den plötzlichen Tod des Kaisers verhindert. Leopold II. scheint aber den Vorschlägen Hoffmanns zugestimmt zu haben, da er diesen bat, ihn auf seiner Krönungsreise nach Prag im September 1791 zu begleiten, um die genaueren Details erörtern zu können. Hoffmann scheute sich nicht, einige deutsche Aufklärer und Jakobiner, darunter Johann Georg Forster, zu denunzieren und antisemitische Ressentiments zu schüren. Da er aber das Vertrauen Kaiser Franz' II. nach 1792 nicht gewinnen konnte, mußte er schon 1793 die „Wiener Zeitschrift" einstellen. An ihre Stelle trat das vom Exjesuiten Felix Hofstätter und vom Schriftsteller Lorenz Haschka herausgegebene „Magazin für Kunst und Literatur", in dessen zweitem Band gleichfalls die Komplott-Theorie propagiert wurde, ohne aber zum Mittel der persönlichen Diffamierung zu greifen. Obwohl das neue, reaktionäre System Franz' II. Hoffmanns Einstellung entgegenkam, hatte dieser an Einfluß verloren, weil der neue Kaiser nicht mehr bereit war, den geheimen Mitarbeiterkreis seines Vorgängers, dem Hoffmann angehört hatte, aufrechtzuerhalten.

Hoffmann erteilte den deutschen Fürsten den Rat, durch Zensur, Unterdrückung geheimer Gesellschaften und Förderung der Religion die revolutionäre Gefahr zu steuern. Diese Vorschläge verband er mit der offenen Verteidigung einiger obskurantistischer Prinzipien. So betonte er u.a., Rede- und Pressefreiheit seien nicht nur absurd, sondern auch ein Betrug mit gefährlichen Wirkungen. Den Fürsten sei daher klarzumachen, wie wichtig die Herstellung einer konservativen öffentlichen Meinung sei. Dazu sei eine Politik der Unterdrückung revolutionärer Autoren notwendig. Dabei wollte Hoffmann, der offenbar – wie diese Beispiele zeigen – seine konservative Propaganda auch unter Franz II. fortsetzte, nicht nur die Qualität der Zeitungen, Bücher und Broschüren prüfen, sondern auch deren Quantität. Franz zeigte aber wenig Interesse am Aufbau einer konservativen öffentlichen Meinung. So wurde auch Kaiser Leopolds Auftrag, eine konservative Geheimgesellschaft zu gründen, ohne großes Aufsehen wieder zurückgenommen.

Obwohl Hoffmann unter Franz II. seine Professur verloren hatte, trat er nochmals publizistisch im aggressiven konterrevolutionären Stil hervor. In seiner 1796 anonym veröffentlichten Schrift „Die zwo Schwestern P.. und W.. oder neu entdecktes Freymaurer- und Revolutionssystem" wurde erneut die Freimaurerei als Ursache und Sündenbock aller Revolutionen bezeichnet. Diese Schrift entstand als Reaktion auf die inzwischen aufgedeckte Jakobinerbewegung in Wien und Ungarn. Darin hob er u. a. hervor, daß die Freimaurer sich in der ganzen Welt verbunden hätten und ihr Tempelbau zwar in vorgeblichen Mysterien bestehe, letztlich aber darauf hinauslaufe, den Untergang der Religionen und aller Großen zu bewirken. Ihre Wohltätigkeit sei in Wirklichkeit nichts anderes als Schwindel und Deckmantel für staatsgefährliches Treiben. Aus den Grundsätzen der Wiener Loge „Zur wahren Eintracht" hätte man ersehen können, daß „Wien die echte Schwester" von Paris sei, weshalb auch in Österreich ein revolutionärer Umsturz in den Bereich der Möglichkeit rücken könne. Hoffmann erwähnt hier die Wiener Eliteloge „Zur wahren Eintracht", die unter Ignaz von Born ein kulturelles und geistiges Zentrum von großer Wirkung wurde. Gleichzeitig war sie auch das Illuminatenzentrum in Österreich. Schon nach dem Freimaurerpatent Josephs II. 1785 hatte Hoffmann heftig gegen die Freimaurerei und Geheimgesellschaften polemisiert, deren Tätigkeit er bekämpfen wollte. Seine kritischen Überlegungen von 1796 knüpften an diese älteren antifreimaurerischen Schriften an.

In allen seinen Beiträgen erwies sich Hoffmann trotz seiner vehementen Kritik als schwacher konservativer Theoretiker. Er war nicht mehr als ein praktischer Verfechter des Konservativismus und der Verschwörungstheorie. Seine Stärke war nicht die Analyse der historischen Kräfte, die über die bestehenden Verhältnisse hinausweisen, sondern vielmehr seine Überzeugung, daß die radikalen Forderungen aus der Bösartigkeit ewiger Unruhestifter entsprangen. Ihnen wollte er durch sein Engagement das Handwerk legen.

Die antifreimaurerische Verschwörungstheorie, wie sie Barruel entworfen hatte, spielte auch nach der Französischen Revolution sowohl im diplomatischen Schriftverkehr als auch in der konterrevolutionären Publizistik eine wichtige Rolle, wobei vor allem auffällt, daß die Verschwörungstheoreme langsam ihre ursprünglich christliche Verbrämung verloren und zu einem politisch-innerweltlichen Kampfinstrument umgewandelt wurden. Zu diesem Zweck wurde in der Agitation zwischen den angeblich harmlosen „blauen" Logen, d. h. zwischen den nach dem englischen System arbeitenden Johannislogen, und den staatsfeindlichen „roten" Logen, den Hochgraden, unterschieden. Diese letzteren würden sich zur Vertilgung aller Könige, zur Herstellung der Gleichheit der Stände und der Gesellschaft der Güter verschwören. In der Metternichschen Restauration, im Vormärz, in der Revolution 1848/49 und im Kulturkampf hat sich diese Komplott-Theorie als Manipulations- und Repressionsinstrument erwiesen, da aus der Perspektive der katholischen Kirche der Liberalismus – wie vorher die Aufklärung – den Bruch mit der überkommenen Sozial- und Wertordnung ideologisch gerechtfertigt hatte und damit der Prozeß der Aushöhlung der alten Ordnungen nun als Verschwörung gegen Thron und Altar vor sich gegangen war.

Neben der „rechten", konservativen Verschwörungstheorie gab es auch eine „linke" Theorie, die sich schon zur Zeit der Aufklärung (um 1770) verbreitet hatte, auf rosenkreuzerische Ursprünge zurückging und im Kern behauptete, daß geheime Gesellschaften den Katholizismus ausbreiteten, wobei eine pathologische Jesuitenfurcht eine maßgebliche Rolle gespielt haben dürfte. Diese „linke" Verschwörungstheorie wirkte bis in das 19. Jahrhundert hinein.

Die in direkter Reaktion auf die Französische Revolution voll ausgebildete und zu einem geschichtsphilosophischen System überhöhte Verschwörungstheorie ist im 19. und 20. Jahrhundert keineswegs nur von politischen Sektierern, sondern auch von gesellschaftlich und politisch relevanten Gruppen als ideologisch-politisches Kampf- und Propagandainstrument eingesetzt worden. Zu diesem Zweck mußte sie allerdings jeweils an die veränderten Konstellationen angepaßt werden. Diese ständig notwendige Aktualisierung im 19. Jahrhundert, zuerst 1830/31, dann 1848/49 und im Kulturkampf, hat nicht zuletzt auch eine Säkularisierung der Komplott-Theorie zur Folge gehabt. Ohne ihre Verweltlichung hätte sie wahrscheinlich keine Propagandawaffe des modernen Rechtsradikalismus bzw. Faschismus werden können. Damit wurde auch die Sündenbockrolle geheimer Gesellschaften verstärkt.

Die freimaurerischen Verschwörungstheoreme haben sich in der napoleonischen Zeit weiterentwickelt, meist auch mit der bewußten Verbindung zum Illuminatenorden, wobei der Illuminaten-Verdacht nun vor allem von christlich-konservativen Traditionalisten gegen die Verfechter einer aufgeklärt-absolutistischen Politik gerichtet wurde. Während die Verschwörungsthesen, die die Französische Revolution als Resultat eines Komplotts von Philosophen, Freimaurern und Illuminaten sahen, lediglich eine polemisch-ideologische Substanz hatten, schien die Verschwörungsfurcht in der Zeit der Restauration nachträglich inhaltlich bestätigt zu werden. Diese Entwicklung hatte zwangsläufig eine Verhärtung der konterrevolutionären Verschwörungstheoreme zur Folge. Illuminaten und ihre angeblichen direkten Nachfolger, besonders die Tugendbündler und die Burschenschaftler sowie der politische Geheimbund der Carbonari, gerieten in den Verdacht, die Weltherrschaft anzustreben und anzutreten. Auch Metternich hat in einer Geheimschrift und in Briefen immer wieder vor einer Verschwörung gewarnt und Gegenmaßnahmen veranlaßt.

Im 19. und 20. Jahrhundert ist die Verschwörungstheorie besonders von katholischen Geistlichen, antiliberalen Royalisten und Rechtsradikalen systematisch verwendet und eingesetzt worden. In der überwiegend auf Barruel aufbauenden Pamphletliteratur, die schließlich in den „Protokollen der Weisen von Zion" kulminierte, fällt auf, daß die geschichtstheologischen Elemente mehr und mehr zugunsten einer weltlichen, politischen Agitation zurücktreten. So hat z.B. der Prager Advokat Eduard Emil Eckert 1852 die absurde Behauptung aufgestellt, die deutsche Reichsverfassung von 1848/49 sei von einem engeren Maurerbund den Sozialdemokraten dekretiert worden. Diese antisozialistische Komponente der Verschwörungstheorie ist dann später von einigen Jesuiten weiterentwickelt worden. So erklärte etwa der Jesuit G. M. Pachtler, daß der von dem Juden Karl Marx gegründete Sozialistenbund die „furchtbarste politische und religiöse Verschwörung in der ganzen Weltgeschichte" darstelle. Dabei ging er davon aus, daß der gefürchtete Arbeiterbund nach der Struktur einer Freimaurerloge aufgebaut und eine Folge des verderblichen Liberalismus sei. Pachtler teilte die Meinung der antiliberalen Kräfte, der Liberalismus sei jüdisch-freimaurerisch geprägt.

Da die Anfälligkeit für Verschwörungstheoreme und Sündenbockerfindungen in Krisenzeiten sprunghaft zunahm, ist es verständlich, daß in Deutschland nach 1918 die Verschwörungstheorie eine neue Aktualität erhielt. In seinem erstmals 1919 publizierten und 1925 schon in 6. Auflage vorliegendem Werk „Weltfreimaurerei, Weltrevolution, Weltrepublik" untersuchte Friedrich Wichtl die Weltlage nach dem Muster der Komplott-Theorie. Nach der Lektüre dieses Buches vermerkte Heinrich Himmler, damals neunzehnjährig, in sein Tagebuch: „Ein Buch, das über alles aufklärt und uns sagt, gegen wen wir zu kämpfen haben."

Die Rolle der Juden in der Verschwörungstheorie
Seit der Zunahme des Antisemitismus im ausgehenden 19. und beginnenden 20. Jahrhundert trat das Judentum in der Verschwörungstheorie als wesentlicher Faktor hinzu, wobei auf ältere Vorstellungen zurückgegriffen wurde: Freimaurer und Juden hätten sich gegen Deutschland verschworen, den Ersten Weltkrieg angezettelt und Deutschland durch ein freimaurerisches Diktatfriedensprogramm ruiniert – so die Kurzformel der Beschuldigung.

Die Verbindung freimaurerisch-jüdische Weltverschwörung hat einen komplexen Ursprung, der hier nur umrißhaft aufgezeigt werden kann. Bereits in der zweiten Hälfte des 19. Jahrhunderts rückten die Juden parallel zum langsamen Emanzipationsprozeß mehr und mehr in den Mittelpunkt der vermeintlichen Verschwörung, so daß es später sogar zur Gleichsetzung, ja Austauschbarkeit der Attribute „freimaurerisch" und „jüdisch" kam. Für die Herausbildung der These von der jüdisch-freimaurerischen Weltverschwörung waren neben der Stellung des Judentums in der mittelalterlichen Sozialordnung vor allem die naturrechtlich-aufklärerischen Bewegungen des 18. Jahrhunderts bedeutsam, die die soziale und politische Emanzipation des Judentums eingeleitet und vorbereitet haben. Schon zur Zeit der Französischen Revolution finden sich zahlreiche Hinweise über die Juden als „nützliche Werkzeuge" der Illuminaten und Jakobiner. Nach 1815 wurde ganz deutlich, daß Aufklärung und Säkularisierung den Konflikt zwischen Christentum und Judentum nur scheinbar aufgelöst hatten. Wohl verschwand das mehr oder weniger haßerfüllte Bewußtsein eines christlich-jüdischen Antagonismus innerhalb der religiösen Sphäre der Aufklärung, die Hexen- und Teufelsgestalten des mittelalterlichen Judenhasses aber, jetzt in weltliche Gewänder gehüllt, tauchten nach wie vor auf und beeinflußten auch die Gesellschaft und Politik vor dem Hintergrund der zunehmenden Ideologisierung, Industrialisierung und Politisierung des Vormärz.

Bereits in dieser Zeit werden in vielen Dokumenten und Broschüren die Juden nicht mehr nur als Gefolgsleute der Aufklärer und Revolutionäre gesehen, sondern nun ebenso als Drahtzieher eines auf Weltherrschaft gerichteten Komplotts. Hier entstand schon in Grundzügen die später von der antiliberalen und rechtsradikalen Agitation aufgegriffene These von der jüdisch-freimaurerischen Weltverschwörung als Reaktion auf die Französische Revolution. Als Grundmuster hieß dies am Anfang des 20. Jahrhunderts: „Die Spitze der Loge bildet Juda, die christlichen Logen sind blinde Puppen, welche von den Juden in Bewegung gesetzt werden, ohne es größtenteils zu wissen."

Von besonderer Relevanz für das Echo solcher Theorien und für die Bündnispolitik der völkischen Bewegung gegenüber christlich-konservativen Kreisen war das 1919 erschienene und 1920 erweiterte Buch „Entente-Freimaurerei und Weltkrieg" des Schweizers Karl Heise. Auch er griff auf die Illuminaten-Verschwörung des 18. Jahrhunderts zurück und bestätigte einen inneren Zusammenhang zwischen Loge, Großkapitalismus und Bolschewismus. Ihre Bündelung haben diese grotesken Vorstellungen in den bereits erwähnten „Protokollen der Weisen von Zion" gefunden, die im Detail von einer weltumspannenden jüdisch-freimaurerischen Verschwörung handeln.

Die neuere Forschung sieht in den „Protokollen" eine Variante des modernisierten und wiedererweckten dämonologischen Antisemitismus. Der Urschrift, die weltweit Verbreitung fand, lag das Buch des russischen religiösen Schriftstellers Sergej Nilus „Das Große im Kleinen und der Antichrist als nahe politische Möglichkeit" zugrunde. Viele Historiker zweifeln heute nicht mehr, daß die „Protokolle" im Auftrag des Auslandschefs der russischen Geheimpolizei, General Ratschkovski, in den Jahren 1897–1899 in Paris geschrieben worden sind. Die Fälschung wurde amtlich bekannt durch den von der israelitischen Kultusgemeinde initiierten Prozeß in Bern 1934/35. Kein geringerer als Alfred Rosenberg, der „Beauftragte des Führers für die Überwachung der gesamten geistigen und weltanschaulichen Schulung und Erziehung der NSDAP", betonte in seinen antifreimaurerischen Schriften auf der Grundlage der „Protokolle", daß hinter der nationalen Politik als eigentlicher Lenker die „alljüdische Hochfinanz" stehe, die sich in nationalen, philanthropischen und religiösen Weltbünden organisiert habe. Die entscheidende Frage nach dem Grund dieser von ihm diagnostizierten Lage sieht er in den „Protokollen", die er 1923 bearbeitete und auszugsweise mit Kommentaren herausgab.

So finden sich z. B. in der vierten Sitzung Hinweise auf die Tätigkeit der Freimaurerei, die von Rosenberg als wichtige Unterstützung der jüdischen Hochfinanz gedeutet wird. In der elften Sitzung sind neben Weltherrschaftsgedanken Aussagen über jüdische Freimaurerlogen erwähnt, von denen Rosenberg besonders den in Chicago ansässigen und weltweit verbreiteten Orden „Bnai Brith" hervorhebt, in dem neben religiösen Juden auch Zionisten saßen und der sich – nach Rosenberg – zur Unterstützung der alljüdischen Weltanleihe bekannte. In der fünfzehnten Sitzung wird auf die Durchführung der Weltrevolution bezug genommen und nochmals die Rolle der Freimaurerlogen präzisiert. Die Hauptleitung dieser Weltverschwörung saß für Rosenberg im „Bnai Brith-Orden", der nach nationalsozialistischen Forschungen insgesamt 450 Logen umfaßte.

Auch in anderen Schriften hat Rosenberg hervorgehoben, Juden und Freimaurer seien für das materielle und seelische Chaos verantwortlich und hätten dieses verursacht. An der Spitze und hinter den Kulissen der Weltpolitik stünden Juden und Freimaurer. Jene Freimaurer, die die Weltpolitik entscheidend beeinflußten, seien in den Hochgradsystemen tätig, die jüdischen Ursprungs seien. Rosenberg war davon überzeugt, daß in allen Ländern der Welt „Delegierte der Judenschaft" in den Logen säßen und so den „Kitt einer über die ganze Welt verbreiteten Verschwörungsgesellschaft" bildeten.

Der Kommentar Rosenbergs zu den „Protokollen" ist letzlich darauf ausgerichtet, zu zeigen, wie die darin getroffenen Aussagen mit der praktischen Politik der Juden übereinstimmen. Dieser für ihn äußerst bedenklichen Entwicklung setzte er abschließend ein Wort Paul de Lagardes entgegen, um die jüdische Weltverschwörung noch rechtzeitig zu verhindern: „Deutschland muß voll deutscher Menschen und deutscher Art werden, so voll von sich wie ein Ei. Dann ist für Palästina kein Raum in ihm."

Zu denen, die in den Machenschaften „der Weisen von Zion" die Deutung vieler unerklärlicher Erscheinungen und Abläufe zu erkennen glaubten, gehörte nicht nur Rosenberg, sondern auch Adolf Hitler, der bekannte: „Ich habe mit wahrer Erschütterung die Protokolle der Weisen von Zion gelesen. Die gefährliche Verborgenheit des Feindes, seine Allgegenwärtigkeit."

Der Verschwörungsmythos
So richtig Hermann Rauschnings Bemerkung war, daß die „Walze Jude und Freimaurer" den Nationalsozialisten auch dazu diente, die Masse von Problemen abzulenken und den

Kampfwillen der Anhänger wach zu halten, so kann mit solchen Funktionsbestimmungen der politische und psychologische Wirkungsmechanismus der Verschwörungstheorie nicht ausreichend erfaßt werden. Sicher ist, daß sowohl der Charakter der Freimaurerei als eines relativ leicht mystifizierbaren Geheimbundes als auch das „Körnchen Wahrheit oder Richtigkeit", das den Verschwörungstheoremen gelegentlich – wenn auch in versteckter, verzerrter und maßlos übersteigerter Form – anhaftet, konstitutive Elemente für das Entstehen und die Wirksamkeit der Verschwörungstheorie sind. Grundvoraussetzung des ideologisch akzentuierten Komplottdenkens war die moralische Verabsolutierung einer gegebenen konkreten Sozialordnung und damit ein antiliberales Weltbild, das den sozialen Wandel dieser Ordnung und die Infragestellung überkommener Erwartungshaltungen als das illegitime und böswillige Werk dämonisierter Minderheiten hinstellte. Die Tatsache, daß die Verschwörungstheorie von einem ständisch-hierarchischen Standpunkt aus Fundamentalkritik am Gleichheitsprinzip im 18. Jahrhundert übt, erklärt den Sachverhalt, daß sie sowohl von Repräsentanten des vordemokratischen Ancien Régime als auch von antiliberalen Kräften des Rechtsradikalismus in Anspruch genommen werden konnte. Auf diese Weise entwarf die Verschwörungstheorie ein antimodernistisches Feindbild, das in Gegnerschaft zueinander stehende Konservative und Nationalsozialisten zu gemeinsamer Frontstellung gegen Liberalismus, Demokratismus und Sozialismus verband.

Die Verschwörungstheorie ist als monokausale und stereotype Ideologie erklärt worden. Die Forschung ist sich darüber hinaus weitgehend einig, daß sie ebenso Mythoscharakter aufweist. Bei der Wirkung des Verschwörungsmythos spielen neben psychologischen Faktoren (z. B. Angst) auch Projektionen eine bedeutende Rolle, denn vieles, was die Exponenten der Verschwörungstheorie den Juden und Freimaurern unterstellten, betrieben sie selbst oder strebten danach. Auch soziale Faktoren waren wichtig, weil es vor allem um die ideologische Prägung jener sozialen Gruppen geht, die besonders für den Verschwörungsmythos empfänglich waren, wie der Mittelstand mit seiner Krisenerfahrung und seinem Bindungsverlust. Schließlich sind auch noch politische Faktoren zu berücksichtigen, weil die Verschwörungstheorie bei der Werbung für bestimmte politische Ämter gezielt verwendet bzw. der Verschwörungsmythos politisch eingesetzt wurde. Diese Instrumentalisierung verweist auf die Manipulationsfunktion einer solchen Ideologie, die stets in einer bestimmten historischen Situation zum Einsatz kam. Alle diese hier erwähnten Faktoren und Gesichtspunkte müssen zudem in einem engen Wechselverhältnis zueinander gesehen werden. Es fällt aus historischer Sicht auf, daß die Verschwörungstheorie ihren Nährboden vor allem in Phasen grundlegender ideologischer und politisch-ökonomischer Verunsicherung hat. Die Komplott-Theorie erfüllt dabei eine scheinbar rationalisierende Funktion, indem sie vorgibt, für alle existentiellen Ängste und Unsicherheiten, die hinter gesellschaftlichen Ereignissen stehen können, eine einfache Erklärung bereit zu haben. Sie ist letztlich durch eine interessengeleitete und damit pseudorationale Denkstruktur gekennzeichnet, sie entspringt einem Bedürfnis nach Reduktion der komplexen Realität und vermag eine – wegen ihrer wahnhaften Übersteigerungen – gefährliche Orientierungsfunktion zu erfüllen.

Bei der Verschwörungstheorie handelt es sich nicht um ein unparteiisches Erkenntnisinstrument, sondern vielmehr um ein der Feindbestimmung dienendes ideologisch-politisches Werkzeug. Da die Verschwörungstheorie zur Voraussetzung hat, daß eine kleine Minorität die große Mehrheit manipulieren und den Geschichtsprozeß in entscheidender Weise beeinflussen kann, mußten dieser Minderheit zwangsläufig übermenschliche Fähigkeiten angedichtet werden, wobei die schon fast pathologische Züge tragenden Angstvisionen vom drohenden Umsturz jeglicher Ordnung in eine Dämonisierung der Freimaurerei ausartete. In diesem Zusammenhang spielt die christlich-mittelalterliche Dämonologie eine wichtige Rolle, die für die spezifische Ausprägung des Verschwörungsdenkens eine konstitutive Bedeutung hat. Unter Herabsetzung moralischer Hemmschwellen soll die Hoffnung geweckt werden, daß durch die gezielte Ausschaltung dieser „bösen" Kräfte der soziale Organismus geheilt werden könne. Diese Vorgehensweise ist in den heutigen Verschwörungstheorien noch immer bestimmend, wie die Kommentare und Bücher zur Freimaurerei, zu den Geheimbünden wie „P2" und zu elitären Klubs oder Zirkeln belegen.

Schluß:
Zur Wirkungsgeschichte der Freimaurerei

Über die Wirkungsgeschichte der Freimaurerei im gesellschaftlichen Entwicklungsprozeß seit der frühen Neuzeit gibt es kaum wissenschaftliche Untersuchungen. Die Gründe dafür liegen in der Tatsache, daß sich ein direkter Einfluß der Freimaurerei auf Staat, Politik und Gesellschaft nur schwer nachweisen läßt. Die Gegner der Freimaurer haben den schwer faßbaren Einfluß immer dämonisiert und als politische Macht mißverstanden. Eine einigermaßen seriöse und realistische Einschätzung der gesellschaftlichen Wirkung der Freimaurer muß sich in erster Linie auf die Selbstbildung als Personen und die Kongruenz ihres Selbsterziehungsprogramms sowie ihrer Ziele mit den wesentlichen Denkströmungen der jeweiligen Zeit beziehen. Die Personen (Mitglieder) kamen aus verschiedenen beruflichen Bereichen und rekrutierten sich in der Gründungs- und Aufstiegsphase der Freimaurerei vorwiegend aus dem Adel, der Geistlichkeit und dem gehobenen Bürgertum, während untere Schichten weitgehend ausgeklammert blieben. Erst viel später hat die Freimaurerei auch Angehörige des Kleinbürgertums aufgenommen.

Die Forschung hat weitgehend anerkannt, daß der Freimaurerei bei der Auflösung der frühneuzeitlichen Dogmen, in der Aufklärung und Säkularisierung sowie in den bürgerlichen Revolutionen, insbesondere in der Französischen Revolution, eine Rolle zukam. Es war zweifelsohne keine tragende Funktion, doch die freimaurerischen Ideen der Humanität und Toleranz waren in den geistesgeschichtlichen und politischen Entwicklungen bedeutsam. Wenn die Freimaurerei zwar nicht als Beweger und Auslöser in Erscheinung trat, dann zumindest als Ermutiger und Verstärker, wie chemische Katalysatoren. Ein konkretes Beispiel zum komplexen Zusammenhang zwischen Freimaurerei und Revolution soll diese Funktion verdeutlichen. Die Logen in der Spätaufklärung und am Beginn der Französischen Revolution waren weder Zentren der

Konspiration noch ideologische Kommissionen oder Generalstäbe des Umsturzes, sondern in erster Linie Treffpunkte, Diskussionsrunden und Kommunikationszentren, Orte des persönlichen Kontaktes, Umschlagplätze für Ideen und Schriften, Anlaufstellen und Transmissionen für die Ideen der Aufklärung und der Revolution. Insofern war die Freimaurerei mit ihren Ideen und Handlungsweisen bei der geistigen Vorbereitung von gesellschaftlichen Entwicklungen durch das kulturelle, humanitäre und ethische Engagement ihrer Mitglieder beteiligt, insbesondere dann, wenn die gesellschaftlichen und politischen Verhältnisse im Gegensatz zu den freimaurerischen, humanitär-ethischen Anliegen standen.

Diese hier erwähnte katalysatorische Wirkung läßt sich im Zusammenhang mit wichtigen historischen Entwicklungen wie der Aufklärung, der westlichen Demokratien, der Herausbildung des modernen Parlamentarismus und des Sozialstaates wenigstens ansatzweise feststellen. Die Freimaurerei trat auch immer für die Verbreitung der Menschenrechte und für den Weltfrieden ein und war in diesem Bemühen nicht erfolglos. Heute arbeitet sie an einer Weiterentwicklung ihrer zentralen Ideen wie Humanität, Aufklärung und Toleranz. Dabei geht es um die Entwicklung einer „reflexiven" Aufklärung, einer symbiotischen Toleranz und eines neuen Humanismus. Es besteht innerhalb der Freimaurerei ein Minimalkonsens (trotz eines breiten Raumes an individuellen Einstellungen), daß die neu formulierten Grundsätze der Freimaurerei auch heute eine wichtige Aufgabe haben.

Die geistige Situation der Zeit könnte man mit der Formulierung „die rationale Ordnung und ihre Gegenwelten" (Michel Foucault, Max Weber, Cornelia Klinger) charakterisieren. Unter dem sich verdichtenden Eindruck, daß die Epoche der Moderne in absehbarer Zukunft ihrem Ende entgegengeht, werden heute auch in der Freimaurerei verstärkte Anstrengungen zu ihrer theoretischen Erfassung unternommen. Dabei werden vorrangig Modernisierung bzw. Modernität mit dem Prozeß der Rationalisierung aller Gesellschafts- und Wissensbereiche identifiziert. Diesen Vorgängen stehen gegenläufige

Tendenzen gegenüber. Bei der Bestimmung des Ortes der Freimaurerei im Spannungsfeld zwischen Moderne und Postmoderne bieten sich vier Modelle an. Das entscheidende Kriterium ist dabei die Frage, wie das Verhältnis konzipiert wird zwischen den Bereichen, die als Hauptstrom der Modernisierung gelten, und jenen, die als Gegenströmungen aufgefaßt werden können. Auf dieser Grundlage kann man von einem Externalisierungskonzept, einem Ausdifferenzierungskonzept, einem Kompensations- und einem Korrelationskonzept sprechen.

Am einfachsten und zugleich am problematischsten ist die Ansicht, daß es sich bei Gegenbewegungen zur Moderne entweder um Restbestände einer vormodernen Lebens- und Gesellschaftsordnung handelt, die durch den Modernisierungsprozeß allmählich vernichtet werden, oder – ganz entgegengesetzt – um Ansätze zu einer künftigen Überwindung der Moderne (Postmoderne).

Mit dem, was hier Ausdifferenzierungskonzept genannt wird, vollzieht sich ein erster Schritt in Richtung auf eine Anerkennung der Zugehörigkeit von Gegenströmungen zum Modernisierungsprozeß. Es wird dabei anerkannt, daß bestimmte Phänomene, wie Subjektivismus und Gefühlskultur oder eine nostalgische Hinwendung zur Natur und Vergangenheit, überhaupt erst auf der Grundlage der Moderne entstehen können und somit als deren eigene Resultate anzusehen sind. Das dezentrierte Weltverständnis eröffnet auf der einen Seite die Möglichkeit eines kognitiv versachlichten Umgangs mit der Welt der interpersonalen Beziehungen; auf der anderen Seite bietet es die Möglichkeit eines von Imperativen der Versachlichung freigesetzten Subjektivismus im Umgang mit einer individualisierten Bedürfnisnatur. In diesem Sinne nennt Max Weber drei Gruppen von Wertsphären, die zusammen den Komplex moderner Rationalität bilden und die sich im Prozeß der Moderne ausdifferenzieren und autonom entwickeln. Neben den Komplex der kognitiven Rationalität von (Natur-)Wissenschaft und Technik und den Komplex der evaluativen Rationalität von Naturrecht und (protestantischer) Ethik stellt er die ästhetisch-expressive Rationalität als dritten Bereich. Aktiv vorangetrieben wird der Prozeß der Moderne durch die Entwicklung von Wissenschaft, Technik und Industrie sowie durch die Entfaltung rationaler Verwaltungs- und Rechtspraktiken und entsprechender Wert- und Verhaltensnormen. Die Tendenz heute geht in Richtung einer Akzentverschiebung von der Betrachtung des zweckrationalen zu der des wertrationalen Handlungssystems. Es wird die Bedeutung der praktischen Vernunft für den Prozeß der Moderne gegenüber der instrumentellen Vernunft (Dialektik der Aufklärung) hervorgehoben.

Es ist sinnvoll, das Gegensatzverhältnis zwischen der modernen Welt und den exterritorialen Orten einer ästhetischen oder erotischen Weltflucht als Funktionszusammenhang aufzufassen. Ist dies der Fall, dann geht das Ausdifferenzierungsmodell in das Komplementaritäts- oder Kompensationsmodell über. Dabei geht man davon aus, daß es bestimmte Bereiche gibt, die nicht derselben Logik folgen, die in Wissenschaft und Technik, Wirtschaft und Gesellschaft, Recht und Politik wirksam ist. Somit stehen sie dem Konzept von Rationalität und dem Prozeß der Moderne zwar entgegen, aber nicht außerhalb und jenseits der Welt, sondern als andersartige Orte innerhalb derselben, innerhalb eines entgegengesetzte Pole umgreifenden Zusammenhangs. Es wird davon ausgegangen, daß jene Gegenpole all das sind oder haben, was die anderen Wertsphären nicht sind oder nicht besitzen, so daß sie sich komplementär zueinander verhalten. Das auffallendste Merkmal des Kompensationskonzepts liegt in der modernitätskritischen Grundhaltung bei gleichzeitig unvermindertem Festhalten an der Überzeugung der Unvermeidlichkeit und sogar der Überlegenheit der Moderne als Rationalisierungsprozeß. Die Idee der Komplementarität ist stark freimaurerisch orientiert.

Da, wo der Aspekt der bewußten und aktiven Verweigerung der Kompensationsleistung in den Vordergrund rückt, gelangen wir zum vierten Modell, nämlich zum Verhältnis zwischen dem Rationalisierungsprozeß und seinen Gegenströmungen. Dieses Konzept ist für die geistige Arbeit der

Freimaurerei besonders fruchtbar, weil es anzeigt, daß hier nicht mehr der Gegensatz, sondern die Entsprechung zwischen den verschiedenen Wertsphären der Moderne in das Zentrum rückt. Hier sollte auch der Ort der Freimaurerei sein. Den Ausgangspunkt bildet die Tatsache, daß die aus dem Modernisierungsprozeß ausgegrenzten und ihm zum Zwecke seines Ausgleichs entgegengesetzten Bereiche auf Dauer unvermeidbar und unübersehbar ihre eigene subsystemspezifische Modernität entwickeln. Im Bereich der Ästhetik bedeutet dies z.B. die Herausbildung einer Formensprache, die die Konflikte, die „Zerrissenheit" der modernen Welt abbildet bzw. sie reflektierend sogar noch verschärft. Jürgen Habermas setzt an die Stelle der von ihm als Irrweg abgelehnten Aufhebung der Kunst die „lebensorientierende Kraft" der Kunst. Er spricht von einer ästhetischen Erfahrung, die nicht primär in Geschmacksurteile umgesetzt wird, sondern „für die Aufhellung einer lebensgeschichtlichen Situation genutzt und auf Lebensprobleme" bezogen wird. Die drei kulturellen Wertsphären müssen an entsprechende Handlungssysteme so angeschlossen werden, daß eine nach Geltungsansprüchen spezialisierte Wissensproduktion und -vermittlung garantiert ist. Das von Expertenkulturen entwickelte kognitive Potential soll seinerseits an die kommunikative Alltagspraxis weitergeleitet werden. Dies wäre, anders formuliert, das Projekt der „reflexiven" Aufklärung im Sinne einer nie abschließbaren Aufgabe. Was als Besonderheit des dritten Wertsphärenbereichs erscheint, sein „Irrationalismus", seine Alterität, sind nichts anderes als die unbegriffenen und z.T. verdrängten Züge der Moderne. Eine zweite (oder neue) Aufklärung hätte sie als Teil der Moderne zu erkennen und entsprechend einzuordnen. Im Grundverständnis der Freimaurerei würde dies die Zusammenführung der verschiedenen Dimensionen des Menschen bedeuten: die rationale kognitive Struktur, die Gefühle, Emotionen und Sensibilitäten. Die Reichweite gesellschaftlichen Handelns (auch über den einzelnen) hat sich erheblich ausgedehnt. Folglich stellen sich Fragen nach Einheit, Ganzheit und Sinn nicht mehr nur traditionell, was Mensch und Gesellschaft vorgegeben ist und was es zu entdecken und zu erkennen gilt, sondern auch als etwas, das durch die Gesellschaft und über den einzelnen bestimmt und geschaffen werden kann. Dies könnte ein Ansatzpunkt für gesellschaftspolitisch aktive Freimaurer sein, der für das 21. Jahrhundert weitergedacht und konkretisiert werden müßte.

Literaturhinweise (Auswahl)

Wichtige gedruckte Quellenbestände, Literaturberichte und Bibliographien

Agethen, M.: Aufklärungsgesellschaften, Freimaurerei, geheime Gesellschaften. Ein Forschungsbericht (1976–1986), in: Zeitschrift für Historische Forschung 14 (1987), S. 439 ff.

Dotzauer, W. (Hg.): Quellen zur Geschichte der deutschen Freimaurerei im 18. Jahrhundert, Frankfurt/M. 1991.

Dülmen, R. van (Hg.): Der Geheimbund der Illuminaten, Stuttgart – Bad Cannstatt 1975.

Endler, R.: Die Freimaurerbestände im Geheimen Staatsarchiv Preußischer Kulturbesitz, Abteilung Merseburg, in: Aufklärung und Geheimgesellschaften. Freimaurer, Illuminaten und Rosenkreuzer, hg. von H. Reinalter, Bayreuth 1992, S. 103 ff.

– Zum Schicksal der Papiere von Joachim Christoph Bode, in: Quatuor Coronati Jahrbuch 27 (1990), S. 9 ff.

– /Schwarze, E.: Die Freimaurerbestände im Geheimen Staatsarchiv Preußischer Kulturbesitz, hg. von H. Reinalter, 2 Bde., Frankfurt/M. 1994/1996.

Feddersen, K.C.F. (Hg.): Constitutionen, Statuten und Ordnungen der Freimaurer in England, Frankreich, Deutschland und Skandinavien, Husum 1989.

Ferrer Benimeli, J.: Bibliografia de la masoneria, Zaragoza – Caracas 1974.

Gerlach, K. (Hg.): Berliner Freimaurerreden 1743–1804, Frankfurt/M. 1996.

Hammermayer, L.: Zur Geschichte der europäischen Freimaurerei und der Geheimgesellschaften im 18. Jahrhundert. Genese – Historiographie – Forschungsprobleme, in: Berförderer der Aufklärung in Mittel- und Osteuropa, Berlin 1979, S. 9 ff.

Hedeler, W.: Neue russische Archivzeitschriften, Dokumenteneditionen und Publikationen über die Situation in russischen Archiven, in: Zeitschrift für Geschichtswissenschaft 11 (1996), S. 1012 ff.

Hubert, R.: Freimaurerische Historiographie im 19. und 20. Jahrhundert – Forschungsbilanz Österreich, in: Freimaurerische Historiographie im 19. und 20. Jahrhundert, hg. von H. Reinalter, Bayreuth 1996, S. 39 ff.

Irmen, H.-J. (Hg.): Die Protokolle der Wiener Freimaurer Loge „Zur wahren Eintracht" (1781–1785), Frankfurt/M. 1994.

Jagschitz, G. – St. Karner: Beuteakten aus Österreich. Der Österreichbestand im russischen „Sonderarchiv" Moskau, Graz – Wien 1996.

Karpowicz, A.: Sektion Masonica (Universitätsbibliothek Poznan). Systematik des Sachkatalogs, Poznan 1989.

- Die Freimaurer-Sammlung in der Universitätsbibliothek Posen, in: Quatuor Coronati Jahrbuch 30 (1993), S. 111 ff.

Keiler, H.: Freimaurerische Bibliotheksbestände in Deutschland und in der Bibliotheca Klossiana in Den Haag, in: Aufklärung und Geheimgesellschaften. Freimaurer, Illuminaten und Rosenkreuzer, hg. von H. Reinalter, Bayreuth 1992, S. 109 ff.

- Restitution geraubten Kulturgutes 1946, in: Freimaurerische Historiographie im 19. und 20. Jahrhundert, hg. von H. Reinalter, Bayreuth 1996, S. 113 ff.

Kiefer, K. (Hg.): Dokumente zu Aufklärung und Okkultismus, München 1991.

Markner, R./Neugebauer-Wölk, M./Schüttler, H. (Hg.): Die Korrespondenz des Illuminatenordens Bd. 1, Tübingen 2005.

Melzer, R.: Völkische Freimaurerei im Spiegel der Historiographie, in: Freimaurerische Historiographie im 19. und 20. Jahrhundert, hg. von H. Reinalter, Bayreuth 1996, S. 27 ff.

Neugebauer-Wölk, M.: Esoterische Geheimbünde und Bürgerliche Gesellschaft. Entwicklungslinien zur modernen Welt im Geheimbundwesen des 18. Jahrhunderts, Göttingen 1995.

Pfahl-Traughber, A.: Neuerscheinungen zu den „Protokollen der Weisen von Zion" und Verschwörungstheorien, in: Zeitschrift für Internationale Freimaurer-Forschung 1 (1999), S. 89 ff.

Pók, A.: Quellen und Bearbeitungen zur Geschichte der ungarischen Freimaurerei, in: Aufklärung und Geheimgesellschaften, hg. von H. Reinalter, Bayreuth 1992, S. 123 ff.

Rachold, J. (Hg.): Die Illuminaten. Quellen und Texte zur Aufklärungsideologie des Illuminatenordens (1776–1785), Berlin 1984.

Reinalter, H.: Bibliographie zur Geschichte der demokratischen Bewegungen in Mitteleuropa 1770 bis 1850, Frankfurt/M. 1990.

- Freimaurerei und Geheimgesellschaften im 18. Jahrhundert, in: Aufklärung – Vormärz – Revolution 6 (1986), S. 78 ff.

- Auswahlbibliographie (umfassend), in: H. Reinalter, Freimaurer und Geheimbünde im 18. Jahrhundert in Mitteleuropa, Frankfurt/M., 3. Aufl. 1989, S. 365 ff.

- Neue Literatur zu Freimaurerei und Geheimgesellschaften, in: Aufklärung – Vormärz – Revolution 13–15 (1993/95), S. 313 ff.

- Freimaurerische Forschung heute, in: Zeitschrift für Internationale Freimaurer-Forschung 1 (1999), S. 9 ff.

- Schwerpunkte und Tendenzen der freimaurerischen Historiographie, in: The masonic paradigm. Tijdschrift voor de Studie van de Verlichting en van het vrije Denken 12/3–4 (1984), S. 273 ff.

- Neue Tendenzen in der Geschichtsschreibung und ihre Bedeutung für die freimaurerische Historiographie, in: Freimaurerische Historiographie im 19. und 20. Jahrhundert, hg. von H. Reinalter, Bayreuth 1996, S. 11 ff.

- Was ist masonische Forschung?, in: Aufklärung und Geheimgesellschaften, hg. von H. Reinalter, München 1989, S. 9 ff.
- (Hg.): Joseph II. und die Freimaurerei im Lichte zeitgenössischer Broschüren, Wien 1987.
- (Hg.): Freimaurerische Historiographie im 19. und 20. Jahrhundert, Bayreuth 1996.

Reinalter, H. (Hg.): Die deutschen und österreichischen Freimaurerbestände im Deutschen Sonderarchiv in Moskau (heute Aufbewahrungszentrum der historisch-dokumentarischen Kollektionen), Frankfurt/M. 2002.
- Handbuch der freimaurerischen Grundbegriffe, Innsbruck 2002.
- (Hg.): Verschwörungstheorien, Innsbruck 2002.
- (Hg.): Typologien des Verschwörungsdenkens, Innsbruck 2004.
- (Hg.): Freimaurerische Kunst – Kunst der Freimaurerei, Innsbruck 2005.

Rosenstrauch-Königsberg, E.: Freimaurer, Illuminat, Weltbürger. Friedrich Münters Reisen und Briefe in ihren europäischen Bezügen, Berlin 1984.

Schneider, H.: Deutsche Freimaurerbibliothek, 2 Bde., Frankfurt/M. 1993.

Schüttler, H. (Hg.): Johann Joachim Christoph Bode: Journal seiner Reise von Weimar nach Frankreich. Im Jahre 1787, München 1994.

Wolfstieg, A.: Bibliographie der freimaurerischen Literatur, 3 Bde., Burg – Leipzig 1911/13 (Neudruck Hildesheim 1964).

Gesamtdarstellungen, Handbücher, Lexika, Sammelbände

Allgemeines Handbuch der Freimaurerei, 3. Aufl. von Lennings Encyclopädie der Freimaurerei, 2 Bde., Leipzip 1900/01.

Appel, R.: Die großen Leitlinien der Freimaurerei, Hamburg 1986.

Bidermann, H.: Das verlorene Meisterwort. Baustücke zu einer Kultur- und Geistesgeschichte der Freimaurerei, Wien 1986.

Binder, D.A.: Die diskrete Gesellschaft. Geschichte und Symbolik der Freimaurer, Graz 1988.
- Die Freimaurer. Ursprünge, Rituale und Ziele einer diskreten Gesellschaft, Freiburg/Br. 1998.

Caspari, O.: Die Bedeutung des Freimaurertums für das geistige Leben. Seine Ethik, Gottesidee und Weltanschauung, Berlin 1930.

Bernardo, G. di: Die Freimaurer und ihr Menschenbild, Wien 1989.
- Die neue Utopie der Freimaurerei, Wien 1997.

Dierickx, M.: Freimaurerei – die große Unbekannte, Hamburg 1968.

Eberlein, G.L.: Kleines Lexikon der Parawissenschaften, München 1995.

Endres, F.C.: Das Geheimnis des Freimaurers, Hamburg 1978.
- Die Symbole der Freimaurerei, Leipzig 1929 (Neudruck Hamburg 1977).

Ferrer Benimeli, J.A.: Masoneria Politica y Sociedad, 2 Bde., Zaragoza 1989.

Fleck, F.: Das Freimaurertum. Sein Wesen – seine Geschichte, Hamburg 1950 (Erg.-Bd. 1971).

Freimaurer. Solange die Welt besteht, Ausstellungskatalog, Wien 1992.

Frick, K.R.H.: Die Erleuchteten. Gnostisch-theosophische und alchemistisch – rosenkreuzerische Geheimgesellschaften bis zum Ende des 18. Jahrhunderts, Graz 1973.

– Licht und Finsternis. Gnostisch-theosophische und freimaurerisch-okkulte Geheimgesellschaften bis an die Wende zum 20. Jahrhundert, Graz 1975/78.

Gebelein, H.: Alchemie, München 1991.

Giese, A.: Die Freimaurer, Wien 1997.

Holtdorf, J.: Die Logen der Freimaurer. Geschichte – Bedeutung – Einfluß, München 1991.

Im Hof, U.: Das gesellige Jahrhundert. Gesellschaft und Gesellschaften im Zeitalter der Aufklärung, München 1982.

Kaltenbrunner, G. (Hg.): Geheimgesellschaften und der Mythos der Weltverschwörung, München 1987.

Kischke, H.: Die Freimaurer: Fiktion, Realität und Perspektiven, Wien 1996.

Knoop, D./Jones, G.P.: The Genesis of Freemasonry, Bayreuth 1968 (dt. Übers.).

Lennhoff, E.: Politische Geheimbünde, München – Wien 1968.

– /O. Posner: Internationales Freimaurer-Lexikon, Wien 1932 (unver. Nachdruck 1980).

Mellor, A.: Logen, Rituale, Hochgrade. Handbuch der Freimaurerei, Graz 1967.

– Unsere getrennten Brüder – die Freimaurer, Graz 1964.

Nardini, B.: Das Handbuch der Mysterien und Geheimlehren, München 1994.

Naudon, P.: Geschichte der Freimaurerei, Frankfurt/M. 1982.

Priesner, C./Figala, K.: Alchemie. Lexikon einer hermetischen Wissenschaft, München 1998.

Reinalter, H. (Hg.): Lexikon zu Demokratie und Liberalismus, Frankfurt/M. 1993.

– (Hg.): Aufklärung und Geheimgesellschaften. Zur politischen Funktion und Sozialstruktur der Freimaurerlogen im 18. Jahrhundert, München 1989.

– (Hg.): Aufklärungsgesellschaften, Frankfurt/M. 1993.

– (Hg.): Freimaurer und Geheimbünde im 18. Jahrhundert in Mitteleuropa, Frankfurt/M., 3. Aufl. 1989.

– (Hg.): Aufklärung und Geheimgesellschaften. Freimaurer, Illuminaten und Rosenkreuzer, Bayreuth 1992.

– (Hg.): Freimaurerische Wende vor 200 Jahren: 1798 – Rückbesinnung und Neuanfang, Bayreuth 1998.

- (Hg.): Der Illuminatenorden (1776–1785/87). Ein politischer Geheimbund der Aufklärungszeit, Frankfurt/M. 1997.
- (Hg.): Die neue Aufklärung, Thaur – Wien – München 1997.
- Freimaurerei und Moderne, in: Beobachter und Lebenswelt. Festschrift für K. Hammacher, Thaur 1996, S. 239 ff.
- Versuch einer Theorie der Freimaurerei, in: Grenzgebiete der Wissenschaft 44/3 (1995), S. 227 ff.

Runggaldier, E.: Philosophie der Esoterik, Stuttgart 1996.

Schauberg, J.: Vergleichendes Handbuch der Symbolik der Freimaurerei, 3 Bde., Schaffhausen 1861/63.

Schenkel, G.: Die Freimaurerei im Lichte der Religions- und Kirchengeschichte, Gotha 1926.

Valmy, M.: Die Freimaurer, München 1988.

Wolfstieg, A.: Die Philosophie der Freimaurerei, Berlin 1922.

Yates, F.A.: Aufklärung im Zeichen des Rosenkreuzes, Stuttgart 1972.

Darstellungen

Agethen, M.: Geheimbünde und Utopie. Illuminaten, Freimaurer und deutsche Spätaufklärung, München 1984.

Appel, R./Vorgrimler, H.: Kirche und Freimaurerei im Dialog, Frankfurt/M. 1975.

Biet, F.: Die ungeschminkte Maurertugend. Georg Forsters freimaurerische Ideologie und ihre Bedeutung für seine philosophische Entwicklung, Frankfurt/M. 1993.

Bokor, Ch. von: Winkelmaß und Zirkel. Die Geschichte der Freimaurer, Wien 1980.

Büsch, O./ Herzfeld , H. (Hg.): Die frühsozialistischen Bünde in der Geschichte der deutschen Arbeiterbewegung, Berlin 1975.

Dito, O.: Massoneria, Carboneria e società segrete della Storia Risorgimento, Torino 1905.

Dotzauer, W.: Zur Sozialstruktur der Freimaurerei in Deutschland, in: Aufklärung und Geheimgesellschaften, hg. von H. Reinalter, München 1989, S. 109 ff.

Dülmen, R. van: Die Gesellschaft der Aufklärer. Zur bürgerlichen Emanzipation und aufklärerischen Kultur in Deutschland, Frankfurt/M. 1986.

- Die Utopie einer christlichen Gesellschaft. Johann Valentin Andreae (1586–1654), Stuttgart – Bad Cannstatt 1978.

Edighoffer, R.: Die Rosenkreuzer, München 1995.

Fehn, E.-O.: Moralische Unschuld oder politische Bewußtheit? Thesen zur illuminatischen Ideologie und ihrer Rezeption, in: Die Französiche Revolution, Mitteleuropa und Italien, hg. von H. Reinalter, Frankfurt/M. 1992, S. 71 ff.

Fischer, M.W.: Die Aufklärung und ihr Gegenteil, Berlin 1983.

- „Rassenelite" und „Teufelsbrut". Zur politischen Theorie des Nationalsozialismus, in: Entartete Ideale, Graz 1992, S. 9 ff.
- Maurerische Geheimbünde und religiöse Toleranz, in: Religion und Kirche an Zeitenwenden, hg. von N. Leser, Wien – München 1984, S. 224 ff.

Forestier, R. le: Die templerische und okkultistische Freimaurerei im 18. und 19. Jahrhundert, 3 Bde., Weidenthal – Leimen 1987/90.

Fuschs, G.W.: Karl Leonhard Reinhold – Illuminat und Philosoph, Frankfurt/M. 1994.

Francovich, C.: Freimaurerei und politische Geheimgesellschaften in Italien (1770–1832), in: Aufklärung – Vormärz – Revolution 5 (1985), S. 29 ff.

Freudenschuß, W.: Der Wetzlarer Ring – Völkische Tendenzen in der deutschen Freimaurerei nach dem 1. Weltkrieg, in: Quatuor Coronati Jahrbuch 25 (1988), S. 9 ff.

Gerlach, K.: Die Gold- und Rosenkreuzer in Deutschland und Potsdam (1779–1789), in: Quatuor Coronati Jahrbuch 32 (1995), S. 87 ff.

- Die Berliner Freimaurer 1740–1806. Zur Sozialgeschichte der Freimaurerei in Brandenburg-Preußen, in: Europa in der Frühen Neuzeit. Festschrift für G. Mühlpfordt, Bd. 4, hg. von E. Donnert, Weimar 1997, S. 433 ff.

Gilbhard, H.: Die Thule-Gesellschaft, München 1994.

Graumann, C.F. (Hg.): Changing conceptions of conspiracy, New York 1987.

Groh, D.: Die verschwörungstheoretische Versuchung oder: Why do bad things happen to good people?, in: ders., Anthropologische Dimensionen der Geschichte, Frankfurt/M. 1992, S. 267 ff.

Hammacher, K.: Neue Aspekte zur Verschwörungstheorie, in: Quatuor Coronati Jahrbuch 26, (1989), S. 19 ff.

- Die ethischen Grundlagen der Freimaurerei, in: Quatuor Coronati Jahrbuch 30 (1993), S. 133 ff.

Hammermayer, L.: Der Wilhemsbader Freimaurer-Konvent von 1782, Heidelberg 1980.

Hardtwig, W.: Eliteanspruch und Geheimnis in den Geheimgesellschaften des 18. Jahrhunderts, in: Aufklärung und Geheimgesellschaften, hg. von H. Reinalter, München 1989, S. 63 ff.

Hasselmann, K.: Identität – Verwandlung – Darstellung. Das Freimaurer-Ritual als Cultural Performance, Innsbruck 2002.

Hergeth (Pseud. für P. Heigl): Aus der Werkstatt der Freimaurer und Juden im Oesterreich der Nachkriegszeit, Graz 1927.

Hubert, R.: Freimaurerei in Österreich 1871–1938, in: Zirkel und Winkelmaß. 200 Jahre Große Landesloge der Freimaurer, Ausstellungskatalog, Wien 1984, S. 31 ff.

- Die Freimaurerei in der Zwischenkriegszeit, in: 250 Jahre Freimaurerei in Österreich, Zwettl 1992, S. 51 ff.

Jacob, M. C.: The Origins of Freemasonry. Facts and Fictions, Pennsylvania 2005.

Kloss, F.: Die Geschichte der Freimaurerei in England, Irland und Schottland aus ächten Urkunden dargestellt (1685–1784), Leipzip 1848 (Neudruck Graz 1971).

Kuéss, G./Scheichelbauer, P.: 200 Jahre Freimaurerei in Österreich, Wien 1959.

Leisching, P.: Freimaurertum und Katholizismus, in: Die Habsburgermonarchie 1848 bis 1918, Bd. 4, Wien 1985, S 152 ff.

Lindenberg, W.: Riten und Stufen der Einweihung, Freiburg 1988.

Ludz, P. (Hg.): Geheime Gesellschaften, Heidelberg 1979.

Maurice, F.: Freimaurerei um 1800. Ignaz Aurelius Fessler und die Reform der Großloge Royal York in Berlin, Tübingen 1997.

– „Staat im Staate" oder „Schule der Untertanen?" Die Freimaurerei im Staat des aufgeklärten Absolutismus, in: Aufklärung und Geheimgesellschaften. Freimaurer, Illuminaten und Rosenkreuzer, hg. von H. Reinalter, Bayreuth 1992, S. 9 ff.

McCalman, I.: Der letzte Alchemist. Die Geschichte des Grafen Cagliostro, Frankfurt/M. 2004.

Melzer, R.: Die deutschen Logen und die völkische Herausforderung, in: Quatuor Coronati Jahrbuch 31 (1994), S. 151 ff.

– Konflikt und Anpassung. Freimaurerei in der Weimarer Republik und im „Dritten Reich", Wien 1999.

Mola, A.: Storia della massoneria italiana dall' unità alla repubblica, Milano 1977.

Mühlpfordt, G.: Deutsche Union, Einheit Europas, Glück der Menschheit. Ideale und Illusionen des Aufklärers Karl Friedrich Bahrdt (1740–1792), in: Zeitschrift für Geschichtswissenschaft 40 (1992), S. 1138 ff.

Müller-Seidel W./Riedel W. (Hg.): Die Weimarer Klassik und ihre Geheimbünde, Würzburg 2003.

Neuberger, H.: Freimaurerei und Nationalsozialismus, 2 Bde., Hamburg 1980.

Neugebauer-Wölk, M. (Hg.): Aufklärung und Esoterik, Hamburg 1999.

Obrecht, H.: Der Kampf um die staatliche Anerkennung der Freimaurer in Österreich durch die katholische Öffentlichkeit, Diss., Wien 1950.

Peters, B.: ...für und über...Geschichte der Freimaurerei im Deutschen Reich 1870 bis 1933, Berlin 1986.

Pfahl-Traughber, A.: Die „Protokolle der Weisen von Zion" – Der Nachweis der Fälschung und die tatsächliche Entstehungsgeschichte in: Judaica 46 (1990), S. 22 ff.

– Der antisemitisch-antifreimaurerische Verschwörungsmythos in der Weimarer Republik und im NS-Staat, Wien 1993.

Pipes, D.: Verschwörung. Faszination und Macht des Geheimen, München 1998.

Reinalter, H.: Geheimgesellschaften und Revolution. Freimaurerei und Nationalsozialismus am Beispiel Alfred Rosenbergs, in: Quatuor Coronati Jahrbuch 21 (1984), S. 55 ff.
- 250 Jahre Freimaurerei in Deutschland, in: Quatuor Coronati Jahrbuch 24 (1984), S. 9 ff.
- Die Verschwörungstheorie, in: Freimaurer. Solange die Welt besteht, Ausstellungskatalog, Wien 1992, S. 272 ff.
- Die Rolle von „Sündenböcken" in den Verschwörungstheorien, in: Vom Fluch und Segen der Sündenböcke. R. Schwager zum 60. Geb., hg. von J. Niewiadomski und W. Palaver, Thaur – Wien – München 1995, S. 215 ff.
- Freimaurerei und Nationalsozialismus, in: Österreichisches Freimaurermuseum Schloß Rosenau bei Zwettl, Schloß Rosenau 1994, S. 53 ff.
- (Hg.): 200 Jahre Große Landesloge von Österreich, Wien 1986.
- La maconnerie en Autriche, in: Dix-Huitième siècle 19 (1987), S. 43 ff.
- La Franc-Maconnerie Autrichienne en 1938, in: Austriaca 26 (1998), S. 115 ff.
- Masoneria y Democracia, in: Masoneria Politica y Sociedad, Bd. 1, ed. J. A. Ferrer Benimeli, Zaragoza 1989, S. 55 ff.
- Freimaurerei und Modernisierung, in: Revue des Études Sud-Est Européennes 3–4/30 (1992), S. 197 ff.
- Freimaurerei, Jakobinismus und Demokratie, in: ders., Die Französische Revolution und Mitteleuropa, Frankfurt/M. 1988, S. 162 ff.
- Freimaurerei und Demokratie im 18. Jahrhundert, in: Aufklärung und Geheimgesellschaften, hg. von H. Reinalter, München 1989, S. 41 ff.
- Die Rolle der Freimaurerei und Geheimgesellschaften im 18. Jahrhundert, Innsbruck 1995.
- Geheimbünde in Tirol. Von der Aufklärung bis zur Französischen Revolution, Bozen 1982.
- Freimaurerei und Französische Revolution, in: Quatuor Coronati Jahrbuch 22 (1985), S. 155 ff.
- Bahrdt und die geheimen Gesellschaften, in: Carl Friedrich Bahrdt (1740–1792), hg. von G. Sauder und Chr. Weiß, St. Ingbert 1994, S. 258 ff.
- (Hg.): Die Aufklärung in Österreich. Ignaz von Born und seine Zeit, Frankfurt/M. 1991.

Richert, Th.: Die Entwicklung des Pflichtenbegriffs in der Freimaurerei, in: Quatuor Coronati Jahrbuch 25 (1988), S. 219 ff.

Rogalla von Bieberstein, J.: Der Mythos von der Weltverschwörung. Freimaurer, Juden und Jesuiten als „Menschheitsfeinde", in: Geheimgesellschaften und der Mythos der Weltverschwörung, hg. von G.-K. Kaltenbrunner, München 1987, S. 24 ff.
- Die These von der Verschwörung 1776 bis 1945, Frankfurt/M. 1978.

Schings, H.-J.: Die Brüder des Marquis Posa. Schiller und der Geheimbund der Illuminaten, Tübingen 1996.

Schlögl, R.: Alchemie und Avantgarde. Das Praktischwerden der Utopie bei Rosenkreuzern und Freimaurern, in: Die Politisierung des Utopischen im 18. Jahrhundert, hg. von M. Neugebauer-Wölk und R. Saage, Tübingen 1996, S. 117 ff.

Schmidt, A.: Freimaurerei als Idee und Lebenskunst, in: Quatuor Coronati Jahrbuch 29 (1992), S. 13 ff.

Schüttler, H.: Geschichte, Organisation und Ideologie der Strikten Observanz, in: Quatuor Coronati Jahrbuch 25 (1988), S. 159 ff.

– Die Mitglieder des Illuminatenordens 1776–1787/90, München 1991.

Steiner, G.: Freimaurer und Rosenkreuzer. Georg Forsters Weg durch Geheimbünde, Berlin 1985.

Stuckrad, K. v.: Was ist Esoterik? Kleine Geschichte des geheimen Wissens, München 2004.

Weiß, Chr./Albrecht, W. (Hg.): Von „Obscuranten" und „Eudämonisten". Gegenaufklärerische, konservative und antirevolutionäre Publizisten im späten 18. Jahrhundert, St. Ingbert 1997.

Wilson, W. D.: Geheimräte gegen Geheimbünde. Ein unbekanntes Kapitel der klassisch-romantischen Geschichte Weimars, Stuttgart 1991.

– Unterirdische Gänge. Goethe, Freimaurerei und Politik, Göttingen 1999.

Zirkel und Winkelmaß. 200 Jahre Große Landesloge der Freimaurer, Ausstellungskatalog, Wien 1984.

Zörrer, F./Hubert, R.: Die „Grenzlogenzeit" 1871–1918, in: 250 Jahre Freimaurerei in Österreich, Zwettl 1992, S. 37 ff.

Personenregister

Adami, Tobias 72
Amundsen, Roald 103
Anderson, James 9, 35, 53, 54, 55, 63, 99, 100, 101
Andreae, Jakob 71
Andreae, Johann Valentin 70, 71, 72, 73, 74
Arndt, Johann 70
Ashmole, Elias 75, 76
Aumont, Pierre d' 11

Bacon, Francis 72, 73
Bahrdt, Carl Friedrich 83, 84, 85, 86, 87
Barruel, Augustin 112, 114, 118, 120
Benedikt XIV., Papst 13, 106
Besold, Christoph 70
Bischoffwerder, Johann Rudolf von 84
Bode, Johann Joachim Christoph 78
Born, Ignaz von 100, 101, 118
Buonarroti, Filippo 89, 90, 91, 92

Campanella, Thomas 72
Clemens XII., Papst 13, 104, 106
Comenius, Johann Amus 70, 74

Dermott, Laurence 55
Désaguliers, John Théophilus 13, 99
Dülmen, Richard van 71

Eckert, Eduard Emil 120

Ferdinand I., König von Neapel und Sizilien 90
Fessler, Ignaz Aurelius 22, 25
Fichte, Johann Gottlieb 22
Ficino, Marsilius 46
Firrao, Joseph Kardinal 106

Fludd, Robert 47, 70, 74
Forster, Johann Georg 117
Foucault, Michel 129
Franz II., Kaiser 22, 23, 24, 117
Franz Stephan von Lothringen 13, 100, 105, 106
Friedrich II., König von Preußen 12
Friedrich Wilhelm II., König von Preußen 79, 84, 87
Friedrich Wilhelm III., König von Preußen 22

Gide, André 103
Göring, Hermann 30
Goethe, Johann Wolfgang von 103

Haak, Theodor 75
Habermas, Jürgen 50, 132
Hardenberg, Karl August Freiherr von 20, 21
Hartlib, Samuel 74, 75
Haschka, Lorenz 117
Hegel, Georg Wilhelm Friedrich 27
Heise, Karl 122
Herder, Johann Gottfried 103
Hermes Trismegistos 46
Himmler, Heinrich 121
Hitler, Adolf 28, 124
Hoditz, Albrecht Joseph Reichsgraf von 12
Hoffmann, Leopold Alois 115, 116, 117, 118
Hofstätter, Felix 117

Jakob III., englischer König 14
Joseph II., Kaiser 22, 23, 115, 118
Joseph Bonaparte 88
Jungius, Joachim 74

Kant, Immanuel 51
Klinger, Cornelia 129

Kloss, Johann Georg 102
Knigge, Adolph Freiherr von 22, 81, 82
Koselleck, Reinhart 94

Lagarde, Paul de 124
Leibniz, Gottfried Wilhelm 74
Leo XIII., Papst 107
Leopold II., Kaiser 115, 116, 117
Lessing, Gotthold Ephraim 94, 102, 107
Lindbergh, Charles 103
Ludendorff, Erich 28

Maier, Michael 70, 74
Maistre, Joseph de 106
Marx, Karl 121
Mazzini, Giuseppe 91, 92
Mellor, Alec 105
Metternich, Klemens Wenzel Fürst von 119, 120
Montagu, Herzog von 54
Mozart, Wolfgang Amadeus 103
Murat, Joachim 88, 90

Napoleon Bonaparte 88, 90, 107
Newton, Isaac 13
Nilus, Sergej 123

Pachtler, G. M. 121
Pergen, Johann Anton Graf von 115
Pius VII., Papst 107
Pius IX., Papst 107
Prinz von Oranien 106
Prinz von Wales 13, 100
Priot, Pierre Joseph 88

Ramsay, Andrew Michael, Chevalier 13, 14, 100
Rauschning Hermann 124

Richter, Samuel 77
Robert I. Bruce, König von Schottland 11
Robison, John 114
Rosenberg, Alfred 30, 123, 124
Rudolph II., Kaiser 47, 70

Sayer, Anthony 12
Schaffgotsch, Philipp Gotthard Graf von, Fürstbischof 12, 106
Schmidt, Johann Heinrich 77
Schröder, Friedrich Ludwig 22, 25, 58, 103
Scott, Robert 103
Sporck, Franz Anton Reichsgraf von 13
Starck, Johann August 114
Stein, Heinrich Friedrich Karl Reichsfreiherr von und zum 20, 21
Stuart, Eduard 14

Taute, Reinhold 102
Tucholsky, Kurt 103
Twain, Mark 103

Viktor Emanuel I. von Savoyen 90
Voltaire, Francois Marie Arouet 103

Weber, Max 129, 130
Weishaupt, Adam 17, 80, 81, 82
Wense, Wilhelm 72
Wichtl, Friedrich 28, 121
Wieland, Christoph Martin 103
Wilde, Oscar 103
Wöllner, Johann Christoph von 79, 87
Wolfstieg, August 102